만주에서 만난 우리 역사

만주에서 만난 우리 역사

요동 벌판을 진동하던 고구려의 기상부터
청산리에 울려 퍼지던 독립군의 함성까지

강응천 지음

한림출판사

만주와 우리 역사

만주는 오늘날 중국의 동북 지방을 가리킵니다. 이 지방은 랴오닝 성, 지린 성, 헤이룽장 성 등 이른바 '동북 3성'으로 이루어져 있으며, 면적은 자그마치 80만 평방킬로미터에 이릅니다. 한반도의 4배에 가까운 넓은 땅이지요.

그리고 만주의 동해안 지역을 연해주라고 부르는데, 이 연해주는 중국이 아닌 러시아에 속해 있어서 그렇지 사실 만주와 분리되는 땅이 아닙니다. 그러니까 연해주까지 합친 만주의 넓이는 무려 100만 평방킬로미터에 육박한답니다. 이처럼 드넓은 만주 벌판이 옛날 우리 조상의 삶의 터전이었다고 생각하면 가슴이 뜁니다. 또 이곳이 지금은 남의 땅이라는 생각에 안타까운 마음이 절로 드는 것도 사실입니다.

그러나 한반도는 22만 평방킬로미터에 불과해도 만주보다 훨씬 더 사람이 살기 좋은 땅입니다. 그리고 한반도만을 무대로 전개되어온 지난 천년의 한국사가 보잘것없거나 부끄러운 역사였던 것도 아닙니다. 현대 한국인은 그 한반도마저 동강난 반쪽짜리 땅에서 민주화되고 부유한 나라를 일구어냈습니다.

역사 속에서 만주는 한반도와 앞서거니 뒤서거니 하면서 오늘날에 이르는 문화 전통을 빚어낸 무대였습니다. 또한 중국인을 비롯한 동북아시아 여러 민족과 때로는 평화롭게 교류하고 때로는 으르렁거리며 싸움을 벌이던 무대이기도 했습니다. 그 역사를 되새기다 보면 오늘 우리가 중국, 러시아, 일본 등 주변 국가들과 어떤 관계를 맺어 나가야 할지 그 올바른 태도에 대해서도 곰곰이 따져 볼 기회를 갖게 될 것입니다.

이제부터 여러분은 저와 함께 100만 평방킬로미터에 이르는 광활한 만주와 연해주를 여행하면서 우리 조상들과 동북아시아의 여러 민족이 어우러지며 빚어낸 역사의 숨결을 만나게 될 것입니다. 그 민족들 가운데는 지금도 우리 민족과 활발히 교류하고 있는 사람들이 있는가 하면 지금은 역사의 무대에서 완전히 사라져 버린 사람들도 있습니다.

단군신화에 따르면 단군왕검이 태백산 신단수 아래에서 우리 민족 최초의 나라를 세웠다고 합니다. 많은 사람들이 신화에 나오는 태백산을 지금의 백두산으로 믿고 있습니다. 백두산은 한반도와 만주가 만나는 지점에 솟아오른 신비로운 산으로 중국에서는 창바이 산이라고 부릅니다. 백두산과 그 주변에서 흘러나온 압록강, 쑹화 강, 두만강 등의 유역은 고대로부터 우리 민족의 활동 무대였습니다. 그래서 고대로부터 고려, 조선을 거치는 동안 우리 조상들은 백두산을 우리 민족의 고향으로 믿어 의심치 않았습니다.

지금은 만주족으로 불리는 여진족도 자신들의 발원지를 백두산이라고 믿었습니다. 여진족은 한때 금나라, 청나라처럼 강력한 제국을 세워 중국 대륙을 호령하기도 했으나, 오늘날에는 중국 동북 지역의 소수 민족으로 줄어들어 겨우 명맥을 이어가고 있습니다. 만주라는 지명도 이 지역에서 살았던 그들 이름으로부터 유래했지요. 여진족이 이름을 만주족으로 바꾸게 된 계기는 무엇일까요? 그들이 불교의 문수보살을 신봉했는데, 그 '문수'라는 말이 변해서 '만주'가 되었다는 설이 있습니다.

단군왕검이 세운 고조선은 백두산 주변의 만주 일대와 한반도 북부에 걸쳐 존재한 고대국가였습니다. 오늘날 동북 3성 가운데 가장 서쪽에 있는 랴오닝 성에서는 비파 모양의 청동 검이 발견되곤 합니다. 비파는 서양의 하프와 비슷하게 생긴 고대 중국의 악기죠. 바로 이런 비파형 청동 검이 발견되는 곳이 고조선의 옛터입니다. 고조선 사람들은 2000여 년 전만 해도 이곳 랴오닝 성 일대를 중심으로 살았습니다. 그러다가 지금의 평양 일대까지 생활권이 넓어졌다고 합니다. 한반도 서북쪽에서 주로 발견되는 새로운 모양의 청동 검이 그 증거입니다. 비파형 청동 검과 달리 단순하고 가느다란 모양의 이 청동 검은 세형(細形) 청동 검으로 불립니다. 말 그대로 '가느다란 모양'의 검이라는 것이죠.

이처럼 만주와 한반도 북부에 걸쳐 강대한 국가를 건설했던 고조선은 기원전 108년 중국 한나라의 침략을 받아 멸망합니다. 그때 고조선 사람들은 한나라에 항복하거나 한반도 남쪽으로 내려가서 그곳 사람들과 섞여 살게 됩니다. 한나라는 고조선 땅에 자신들의 지방 조직인 군현을 설치해 직접 다스리지요. 만약 그대로 갔으면 오늘날 우리는 중국의 일부가 되어 있을지도 모릅니다. 하지만 옛 고조선의 영역에서 살아가던 우리 조상들은 그렇게 중국의 지배를 받으며 살아가기를 거부했습니다. 그래서 한나라의 군현과 싸우면서 자신들의 나라를 세우려고 노력했습니다. 오랜 옛날부터 우리 민족의 피에는 남의 지배를 받지 않고 독자적인 나라를 세우고 살아가야 직성이 풀리는 정신이 깃들어 있었던 모양입니다.

우리의 이야기는 여기서 시작됩니다. 고조선의 옛 땅에서 새로운 나라를 일으켜 세우기 위해 만주 벌판을 달리고 또 달리던 우리 조상들을 만나러 출발하겠습니다. 만주 벌판은 매우 넓기 때문에 이곳에서 우리 조상들을 만나려면 조금 열심히 달려야 할 것입니다.

저 북쪽 헤이룽 강에서 쑹화 강을 향해 달려 내려와 부여를 세우는 동명, 쑹화 강변에서 훈허로 달려가 고구려를 세우는 주몽, 지금의 지린 성 지안 시에 있었던 국내성에서 중국 후연의 군대를 뒤쫓아 그들의 왕성이 있는 랴오허 서쪽 차오양까지 달리는 광개토대왕, 랴오닝 성 랴오양에 있던 요동성에서 고구려군을 깨뜨리지 못한 채 압록강을 건너 평양을 향해 달리는 수나라 군대와 그들을 조롱하며 평양 가까이 깊숙한 곳까지 끌어들이는 을지문덕, 고구려가 망한 뒤 차오양까지 끌려갔다가 당나라에 안주하는 삶을 던지고 뛰쳐나와 무려 1000킬로미터를 달리고 또 달려 기어코 발해를 세운 대조영, 몽골의 침략 때 적군에게 끌려가 랴오양에서 노비 생활을 하는 어머니를 찾아 걷고 또 걸은 끝에 마침내 비싼 몸값을 다 치르고 어머니를 찾아 돌아오는 고려의 효자 김천, 남의 손에 넘어간 만주 땅을 되찾기 위해 군대를 이끌고 나섰지만 압록강 위화도에서 발길을 돌려 거꾸로 고려의 숨통을 끊는 이성계, 명나라의 요청으로 싸얼후에서 후금과 싸웠던 강홍립과 청나라의 요청으로 헤이룽 강에서 러시아와 싸웠던 변급, 남의 나라를 넘보는 일본의 선봉 이토 히로부미를 처단하기 위해 연해주로부터 만주의 하얼빈까지 달리는 안중근, 나라의 독립을 되찾기 위해 중국과 힘을 합쳐 만주 벌판을 달리며 일본군과 싸우는 용감한 독립군…….

　만주 벌판을 달리며 이 많은 사람들을 만나다 보면 저절로 가슴 한 가득 차오르는 감격으로 주체할 수 없는 여러분 자신의 모습을 발견하게 될 것입니다. 그리고 우리 역사를 더 사랑하게 되고, 만주와 한반도를 누비며 우리 역사를 지켜 온 조상들을 더 사랑하게 될 것입니다. 그리고 우리 민족의 삶을 위협해 온 침략자들에 대한 걷잡을 수 없는 분노를, 우리를 도와 함께 싸우고 우리와 평화적인 교류를 마다하지 않은 이웃의 친구들에게 무한한 우정을 느끼게 될 것입니다.

자, 이제 출발하겠습니다. 조금은 긴장될 것입니다. 그리고 아주 많이 흥분될 것입니다. 그러나 마음을 편하게 먹고 이 특별한 역사 여행을 즐기세요. 그러면 백두산을 중심으로 펼쳐지는 우리 민족과 이웃의 역사가 오롯이 여러분 것이 될 것입니다.

저자 강응천

차 례

만주와 우리 역사 4

① 백두산 천지

② 안개 낀 쑹화 강

③ 부여의 도성 룽탄 산성

④ 고구려 환도산성

⑤ 광개토대왕릉비

⑥ 수나라 백만대군을 막아낸 요동성

⑦ 고구려 백암성

⑧ 당나라 대군을 물리친 안시성

⑨ 발해의 요람 동모산

⑩ 고려 효자 김천이 어머니를 찾은 요양

⑪ 이성계가 군사를 돌린 위화도

● 베이징

중 국

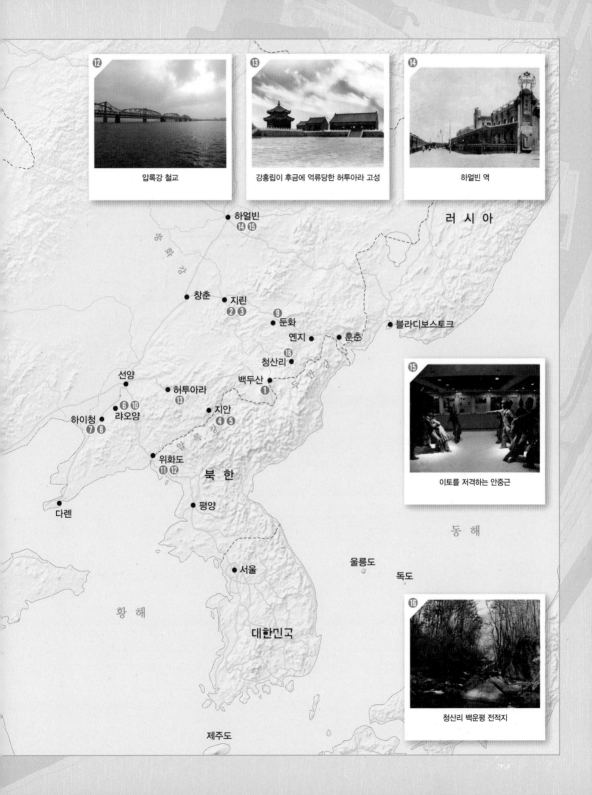

⑫ 압록강 철교

⑬ 강홍립이 후금에 억류당한 허투아라 고성

⑭ 하얼빈 역

러 시 아

하얼빈 **⑭⑮**

창춘 ● 지린
②③

둔화 **⑨**

옌지 ● 훈춘

블라디보스토크

청산리 **⑯**

선양 ● 백두산
①

허투아라
⑬

하이청 ● 랴오양
⑥⑩
⑦⑧

지안
④⑤

위화도
⑪⑫

북 한

다롄

평양

⑮ 이토를 저격하는 안중근

동 해

서울

울릉도

독도

대 한 민 국

황 해

⑯ 청산리 백운평 전적지

제주도

01

부여와 고구려의 건국

달려라 동명!
달려라 주몽!

지린

부여는 한국사 최초의 국가인 고조선이 있던 시기에 북만주에 있던 우리 조상의 나라입니다. 부여에서 갈라져 나온 세력이 고구려를 세우고, 고구려에서 갈라져 나온 세력이 백제를 세웠습니다. 고구려와 백제는 서로 부여의 정통성을 계승했다며 경쟁을 벌였습니다.

부여의 시조는 동명입니다. 그런데 고구려는 자신들의 시조인 주몽에게 동명성왕이라는 시호를 바쳤습니다. 백제 왕실도 동명에게 제사를 지냈습니다. 이것만 보아도 부여라는 나라가 동북아시아에서 가졌던 권위와 영향력을 짐작할 수 있습니다.

이제 부여의 자취를 찾아서 만주로 떠나도록 합시다. 우리의 여행은 부여의 도성이 있던 중국 지린성 지린 시에서 시작합니다.

♦ 쑹화 강변에 자리 잡은 지린 시

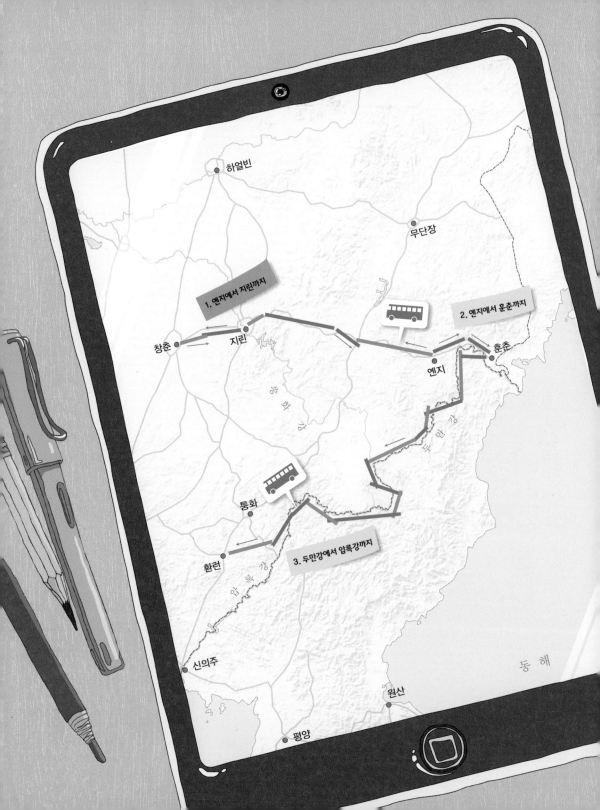

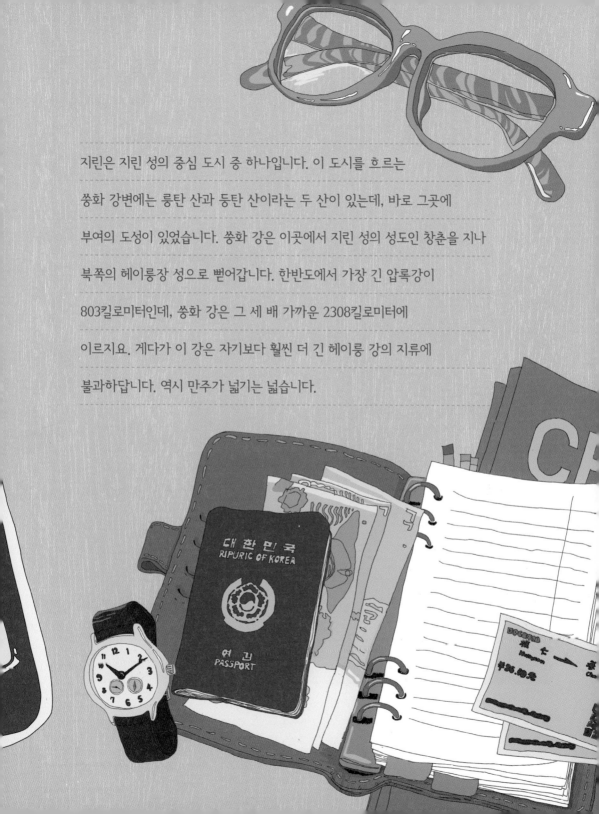

지린은 지린 성의 중심 도시 중 하나입니다. 이 도시를 흐르는

쑹화 강변에는 룽탄 산과 둥탄 산이라는 두 산이 있는데, 바로 그곳에

부여의 도성이 있었습니다. 쑹화 강은 이곳에서 지린 성의 성도인 창춘을 지나

북쪽의 헤이룽장 성으로 뻗어갑니다. 한반도에서 가장 긴 압록강이

803킬로미터인데, 쑹화 강은 그 세 배 가까운 2308킬로미터에

이르지요. 게다가 이 강은 자기보다 훨씬 더 긴 헤이룽 강의 지류에

불과하답니다. 역시 만주가 넓기는 넓습니다.

동명 이야기

|

지금으로부터 2000년도 훨씬 더 지난 옛날, 바로 이곳을 향해 한 젊은이가 무리를 이끌고 말을 달리고 있었습니다. 젊은이의 이름은 동명입니다. 쑹화 강과 넌 강이 합류하는 곳에 있던 북쪽 나라 탁리국에서 탈출한 뒤, 그 나라 군사들에게 쫓기며 남쪽으로 달려 내려온 젊은이였습니다.

　동명은 왜 목숨을 걸고 탁리국을 탈출해 남쪽으로 달려가는 것일까요? 중국 한나라 때 학자인 왕충이 쓴 『논형』이란 책에 나오는 이야기를 따라가 봅시다.

○ 안개 낀 쑹화 강
지린 시 한가운데를 가로지르는 쑹화 강. 중국 동북 지구의 동부와 중부를 서북으로 흐르다가 러시아 국경 부근에서 헤이룽 강에 합류한다.

탁리국
지린

어느 날 탁리국 왕을 섬기던 여자 시종이 아기를 가졌습니다. 임금님은 시종이 허락도 받지 않고 남자를 만나 임신했다고 생각해 그녀를 죽이려고 했습니다. 그러자 여자 시종은 고개를 가로저으며 눈물로 호소했습니다.

"다른 남자를 만나 아이를 가지게 된 것이 아니옵니다. 계란처럼 보이는 기운이 몸속으로 들어와서 이렇게 된 겁니다."

왕은 그 말을 믿고 시종을 살려 주었습니다.

시종이 아이를 낳자 왕은 그 아이를 돼지우리에 넣으라고 명령했습니다. 누구의 씨인지도 모르는 아이가 돼지한테 밟혀 죽기를 바랐던 겁니다. 그런데 돼지들은 아이를 밟기는커녕 아이한테 다가가 숨을 불어넣어 주었습니다. 왕은 이번에는 아이를 마구간에 넣었습니다. 그러자 똑같은 일이 마구간에서도 일어났습니다. 말들이 아이한테 숨을 불어넣어 준 겁니다.

하늘의 뜻이라고 생각한 왕은 아이를 살려 주고 동명이라는 이름을 내린 뒤 돼지와 말을 기르는 일을 시켰습니다. 동명은 활을 잘 쏘는 젊은이로 성장했습니다. 그러자 왕은 덜컥 겁이 났습니다. 자칫 활 잘 쏘는 동명이 자기를 몰아내고 왕위에 오를지도 모른다고 생각했습니다. 그래서 다시 한 번 동명을 죽이려고 했습니다. 그래서 동명은 살길을 찾

◎ 룽탄 산성터 입구
부여와 고구려의 성으로 쓰이던 산성. 해발 384미터로 웅장한 산세를 따라 산등성이에 성을 쌓았다.

아 남쪽으로 도망치게 된 것입니다. 탁리국 왕은 군사들을 보내 동명을 쫓았습니다.

쫓기던 동명은 엄호수라는 큰 강을 만나 발이 묶였습니다. 엄호수가 어디를 가리키는지는 알 수 없습니다. 하지만 여러 가지 정황을 볼 때 지린 시 한가운데를 가로질러 흐르는 쑹화 강이나 그 지류일 가능성이 높습니다.

탁리국 군사는 뒤에서 맹렬히 쫓아오고, 앞에는 큰 강으로 가로막혀 있고······. 이제 동명은 죽음을 피할 방법이 없는 것 같았습니다. 그때 동명은 하늘을 우러르며 활을 들어 강을 내리쳤습니다. 그러자 기적이 일어났습니다. 엄호수에서 물고기와 자라떼가 떠올라 다리를 만들어 준 것입니다. 동명이 그 다리 덕분에 무사히 강을 건너자 물고기와 자라떼는 흩어졌습니다. 뒤쫓던 군사들은 닭 쫓던 개처럼 동명을 바라보기만 할 뿐이었지요. 이렇게 무사히 엄호수를 건넌 동명은 새로운 나라를 세웠습니다. 그 나라의 이름은 부여夫餘입니다.

앞서 본 둥탄 산 기슭의 성이야말로 동명이 세운 부여의 도성都城이요, 룽탄 산과 둥탄 산의 산성은 이 도성을 지키

지린 시 세부도

는 방어 진지라고 학자들은 말합니다. 오늘날 룽탄 산성에 오르면 이 산성을 근거지로 삼았던 왕조들을 소개하는 글과 그림이 벽에 새겨져 있습니다. 가장 최근에는 만주족이 일으킨 청나라가 룽탄 산성을 지켰고, 그 이전에는 발해와 고구려가 있었으며, 맨 처음에는 부여가 있었습니다. 목숨을 걸고 머나먼 길을 달려온 동명의 뜻을 이어받아 부여는 북만주에서 강한 세력을 자랑하는 국가로 우뚝 섰습니다.

◐ 룽탄 산성 이모저모
룽탄 산성의 이름은 산 한복판에 있는 룽탄[龍潭, 용담]이라는 연못으로부터 왔다(위). 산성 입구에 배치된 부여의 검 모형(아래).

주몽 이야기

|

서기전 1세기 후반 부여는 해부루라는 왕의 통치를 받고 있었습니다. 해부루왕에게는 아란불이라는 충성스러운 신하가 있었지요. 아란불은 어느 날 잠을 자다가 꿈속에서 천제天帝, 하늘의 임금를 만났습니다. 천제가 아란불에게 말했습니다.

"장차 내 자손을 시켜서 이곳에 나라를 세울 테니, 너는 다른 곳으로 피해 가도록 해라."

꿈속에서 아란불은 당황했습니다. 오랫동안 나라의 터전이었던 곳을 떠나라니, 도대체 어디로 가란 말인가? 그러자 천제는 친절하게도 아란불에게 옮겨갈 곳을 자세히 알려 주었습니다.

"동해 바닷가에 가섭원이라는 곳이 있느니라. 그곳은 땅이 기름지니 서울로 삼거라."

아란불은 이 꿈이 예사롭지 않다고 생각했습니다. 그래서 해부루왕을 설득해 꿈속에서 천제가 알려준 가섭원으로 나라를 옮겼습니다. 이때 동쪽으로 옮겨간 부여를 '동부여'라고 합니다. 우리도 해부루와 아란불을 따라 지린 시를 떠나 동

○ 훈춘에서 본 북녘 땅
옌볜 조선족 자치주의 동쪽 끝 도시인 훈춘은 북한, 러시아와 국경을 마주하고 있다. 사진 속 여인이 서 있는 곳의 하얀 금이 북한과 중국의 국경선이다.

탁리국

지린

쪽으로 시선을 옮겨야겠습니다. 그런데 도대체 가섭원은 어디일까요? 학자들 사이에 설이 분분한데, 두만강변에 있는 중국의 국경 도시 훈춘도 후보지 가운데 하나입니다.

훈춘은 옌볜 조선족 자치주에 속하는 도시로, 옌지에서 버스 타고 30분만 가면 닿습니다. 동쪽으로는 러시아와 마주하고 남쪽으로는 두만강을 사이에 두고 북한과 마주하는 곳이지요. 그래서 훈춘 곳곳에서 중국, 러시아, 북한의 국기가 함께 펄럭이는 것을 볼 수 있습니다.

동부여를 세운 해부루왕은 한동안 나라를 잘 다스렸습니다. 그런데 나이가 들어가면서 고민거리가 생겼습니다. 왕위를 물려줄 아들을 낳지 못한 겁니다. 해부루왕은 나라 곳곳을 돌며 자식을 내려 달라고 산과 강에 제사를 지냈습니다.

그러던 어느 날 말을 타고 곤연이라는 곳에 이르렀습니다. 그런데 그곳을 지나던 말이 큰 돌 앞에 서더니 눈물을 뚝뚝 흘렸습니다. 이상하게 여긴 해부루왕은 말에서 내려 돌을 굴려 보았습니다. 그러자 돌 밑에서 금빛을 두른 개구리처럼 생긴 아이가 나왔습니다.

"이 아이야말로 하늘이 내 기도를 듣고 내려 주신 축복이구나!"

해부루왕은 뛸 듯이 기뻐하며 아이를 데리고 궁으로 돌아와 정성껏 길렀습니다. 아이의 이름은 '금와'라고 지었습니다. '금빛을 누른 개구리'라는 뜻이지요.

○ 백두산 천지
세계에서 가장 깊은 화산
호수이며, 아시아에서 가장
크고 세계에서 가장 높은
화구호이다. 해발 2194미터에
자리 잡고 있다.

　금와는 해부루의 바람대로 잘 자라나서 태자가 되었습니다. 그리고 해부루가 죽자 동부여의 왕이 되었습니다.

　금와왕은 어느 날 태백산^{지금의 백두산이나 묘향산} 남쪽 우발수라는 곳으로 행차했습니다. 그곳에서 운명의 여인 유화 부인을 만났지요. 유화 부인은 물의 신인 하백의 딸이었습니다. 그런데 어느 날 압록강가에서 천제의 아들이라는 해모수를 만나 사랑에 빠졌습니다. 그리고 아버지의 허락도 없이 해모수와 혼인을 했습니다. 그러자 하백은 유화 부인을 붙잡아서 우발수로 쫓아 보냈습니다. 유화 부인은 바로 그곳에서 동부여 왕 금와를 만난 겁니다.

금와왕은 유화 부인을 이상하게 여겨서 궁으로 데려가 방에 가두었습니다. 그런데 방 안에 갇혀 있는 유화 부인의 몸으로 햇빛이 비쳐 들어왔습니다. 유화 부인이 몸을 피해도 햇빛이 계속 쫓아와 비쳤습니다. 그런 다음 유화 부인은 임신하게 되었습니다.

시간이 흐른 뒤 유화 부인은 9리터 들이 물통 크기의 알을 낳았습니다. 금와왕은 그 알을 돼지우리에도 넣고 마구간에도 넣었습니다. 그런데 짐승들은 그 알을 깨뜨리거나 먹기는커녕 잘 보살펴 주었습니다. 어디서 많이 듣던 이야기 같죠? 아하, 부여를 세운 동명 이야기와 너무도 비슷하군요. 비슷한 이야기는 계속됩니다.

금와왕은 하늘의 뜻으로 여겨 알을 유화 부인에게 돌려주고, 포대기로 싸서 따뜻한 곳에 두도록 했습니다. 그러자 알을 깨고 남자 아이가 태어났습니다.

금와왕은 그 아이를 돌봐 주었고, 아이는 똑똑하고 건강하게 자라났습니다. 잘 자란 아이는 활을 무척 잘 쏘아서 주몽이라는 이름으로 불렸습니다. 주몽은 부여 말로 '활을 잘 쏘는 사람'이라는 뜻이라고 합니다.

금와왕은 주몽을 아꼈지만, 대소 왕자를 비롯한 일곱 왕자는 주몽을 시샘하고 미워했습니다. 그들은 주몽을 죽이려고 음모를 꾸미기 시작했습니다.

어느 날 주몽이 자신을 따르는 신하 마리와 협보를 데리고

사냥을 나갔습니다. 마침 노루를 발견한 주몽은 화살을 재어 힘껏 당겼다가 놓았습니다. 화살은 바람을 가르며 날아갔고, 정확히 노루의 옆구리에 꽂혔습니다. 바로 그때였습니다.

"이 노루는 내가 잡은 거야!"

어디선가 일곱 왕자가 나타나 앞을 막아섰습니다.

"무슨 말씀이십니까? 노루의 옆구리를 보십시오. 틀림없이 주몽 왕자님의 화살이 꽂혀 있지 않습니까?"

"무엇이라고? 감히 네가 나에게 대든단 말이냐?"

대소 왕자가 억지를 부렸습니다.

"여봐라! 주몽과 저 발칙한 신하들을 나무에 묶어라!"

대소 왕자는 군사들에게 명령을 내렸습니다. 그러고는 풀어 주지도 않은 채 궁궐로 돌아가 버렸습니다. 하지만 힘이 장사였던 주몽은 나무를 뿌리째 뽑아 버리고 궁궐로 돌아왔습니다.

왕자들은 깜짝 놀라 그 일을 금와왕에게 보고했습니다. 그러자 금와왕도 당황했습니다.

'으음, 주몽이 과연 보통이 아니로구나. 그냥 놓아두었다가는 정말 큰일을 내고 말겠어.'

금와왕은 주몽에게 마구간을 돌보는 일을 시켰습니다. 주몽은 하루아침에 왕자 신분에서 마구간지기가 되고 말았던 것입니다. 하지만 주몽은 일을 게을리하지 않았습니다. 매일 말의 먹이를 주고 마구간을 청소하며 지냈지요.

그러던 어느 날, 유화 부인이 나타나더니 갑작스레 수십 마리의 말이 있는 마구간 안으로 들어갔습니다. 그러더니 말을 향해 사정없이 채찍을 휘둘러댔습니다. 놀란 말들이 이리저리 뛰고 난리를 피웠지요. 그런 모습을 유심히 지켜보던 유화 부인은 한쪽 구석에서 가장 높이 뛰어 오르는 말을 끌어냈습니다. 그리고는 주몽에게 바늘을 쥐어 주며 말했습니다.

"얘야, 이 바늘을 저 말의 혓바닥에 꽂아 놓도록 해라."

알 수 없는 말을 하고 유화 부인은 돌아갔습니다. 주몽은 어리둥절해 하면서도 시키는 대로 어머니가 끌어낸 말의 혀에 바늘을 꽂았습니다.

그 말은 하루가 다르게 여위어 갔습니다. 혀에 바늘이 꽂혀 있어 제대로 여물을 먹을 수 없었기 때문입니다.

금와왕은 그 말을 주몽에게 선물로 주었습니다. 주몽을 두려워한 금와왕은 좋은 말을 자신이 갖고 여윈 말을 주몽에게 준 것입니다.

다시 세월이 흘렀습니다. 그동안 주몽은 장가도 들었습니다. 한동안 잠잠하던 일곱 왕자는 다시금 주몽을 없애기로 마음먹었습니다.

"주몽을 더 놓아두었다가는 나중에 무슨 짓을 할지 모릅니다. 오늘 밤에 해치웁시다."

유화 부인이 이 음모를 눈치채고 주몽에게 달려갔습니다.

"주몽아, 대소 왕자가 오늘 밤 너를 죽이려 한다는구나. 시간이 없으니 어서 남쪽으로 떠나거라."

"하지만 어머니, 임금께서 제게 주신 말은 저 비쩍 마른 말뿐인데 저것을 타고 어찌 도망을 가겠습니까?"

"애야, 어서 저 말의 혀에 꽂혀 있는 바늘을 뽑아 보거라."

어머니가 시키는 대로 하자 그때까지만 해도 힘없이 비실거리던 말이 용솟음치며 크게 울었습니다. 게다가 주몽이 말 위에 올라타자 다른 말보다 훨씬 빠르고 날쌔게 달려 나갔습니다.

"자, 이제는 내가 왜 말의 혀에 바늘

○ 용맹한 전사 고구려인
활도 잘 쏘고 말도 잘 탔던 주몽의 후예답게 고구려인은 말 타고 벌이는 기병전에 강했다. 삼실총의 벽화.

을 꽂아 두라 했는지 알겠느냐? 어서 그 말을 타고 떠나거라."

만약 말의 혀에 바늘을 꽂아 두지 않았다면, 금와왕은 그 말을 주몽에게 주지 않았을 겁니다. 주몽은 어머니에게 인사를 마치고, 임신한 부인 예 씨를 만나러 집으로 말을 달렸습니다. 주몽은 허리춤에서 칼 한 자루를 꺼내어 반으로 잘라 마루 밑 주춧돌 사이에 숨겼습니다.

"부인, 나는 오늘 밤 부여를 떠나오. 아기가 태어나 나를 찾거든 저 칼을 들려 내게 보내시오."

부인과 안타까운 작별을 나눈 주몽은 말을 달렸습니다. 오이, 마리, 협보라는 세 신하가 그 뒤를 따랐지요. 우리도 그들을 따라 다시 한 번 힘차게 달려봅시다.

한참을 달린 후에 말은 엄리수라는 넓고 큰 강가에 이르러 멈추었습니다. 엄리수는 이름부터 동명이 건넜던 엄호수와 비슷하군요. 하지만 같은 강은 아닐 겁니다. 엄호수가 쑹화 강이나 그 지류라면, 엄리수는 아마도 압록강의 지류 가운데 하나일 것입니다. 주몽은 훈춘을 떠나 두만강변을 따라 열심히 달리다가 백두산을 지나 이번에는 압록강변을 따라 열심히 서쪽으로 달렸을 겁니다.

주몽의 부하들은 엄리수를 만나 크게 당황했습니다. 하지만 동명이 엄호수를 건넌 이야기를 알고 있는 우리는 당황할 필요가 없습니다. 주몽이 어떻게 하면 되는지 알고 있으니까요. 아니나 다를까, 주몽은 말에서 내리더니 무릎을 꿇고 하늘을 향해 외쳤습니다.

"이 강을 지키는 신이여, 나는 하늘나라 천제의 아들이며 하백의 외손자이니, 내가 이 강을 건널 수 있도록 도와주십시오!"

그러자 잔잔하던 강물이 갑작스레 일렁이고 사방이 삽시간에 환해졌습니다. 그러고는 거북이와 자라, 물고기들이 떠올라 강물 위에 긴 다리를 만들어 주었답니다.

"세상에, 어찌 이런 일이……"

주몽의 부하들은 깜짝 놀랐습니다. 하지만 지체할 시간이 없었습니다.

"놈들이 저기 있다. 놓치지 마라!"

대소의 부하들이 칼을 높이 쳐들고 달려오고 있었습니다. 주몽은 얼른 말에 올라 물고기가 만들어 준 다리 위를 달려 강을 건넜습니다. 그들이 무사히 건너편에 다다르자 자라와 물고기들은 강물 속으로 흩어졌습니다. 뒤를 따르던 부여 군사들은 그 모습을 보고 멍하니 서 있을 뿐이었지요. 강을 건넌 주몽은 부하들을 데리고 비류수가 감돌아 흐르는 졸본 땅에 도착했습니다. 그리고 이곳에서 새로운 나라를 세웠습니다. 그 나라의 이름은 고구려高句麗입니다.

부여의 영광

|

주몽이 고구려를 세운 졸본 땅은 오늘날 중국 랴오닝 성 환런으로 여겨집니다. 그렇다면 비류수는 환런 시를 흐르는 훈軍 강일 겁니다. 훈허 유역에는 주몽이 왕궁을 짓고 도성으로 삼은 유적이 남아 있습니다. 지금은 황량한 들판과 마을에 서 있는 '하고성자下古城子'라고 쓰인 문화 유적 지정 비석만이 옛 성터임을 알려주고 있지만, 이곳이야말로 고구려의 요람일 가능성이 무척 높습니다.

◐ 비류수에서 바라본 오녀산성
주몽 신화에 나오는 비류수로 추정되는 훈허는 본래 랴오허[遼河] 강의 지류로 길이는 415킬로미터에 이른다.

○ **하고성자와 상고성자**
고구려의 첫 도성 터로 짐작되는
하고성자 옛터의 표지석(위)과
고구려 초기 돌무지무덤이
보존되어 있는 상고성자(아래).

하고성자 유적에서 환런 시 외곽으로 10킬로미터쯤 가면 훈 강을 끼고 험준하게 솟아오른 산이 나타납니다. 당장이라도 하늘의 신이 강림할 것 같은 신비로운 분위기의 '오녀산'입니다. 높이가 820미터에 이르니 룽탄 산이나 둥탄 산에 비할 바가 아닙니다. 이 산의 꼭대기는 무려 200미터 높이에 이르는 절벽으로 이루어져 있는데, 바로 이 절벽을 둘러싸고 성벽이 세워져 있습니다. 오녀산성이라 불리는 이 산성은 너무나 철통같아서 세상에서 가장 강한 군대도 감히 넘볼 수 없었을 겁니다.

오녀산성으로 오르는 길은 세상에서 가장 힘든 산길 가운데 하나입니다. 그런데도 이 길을 따라 오르면 성문도 있고 막사도 있고 온돌이 딸린 궁궐도 있습니다. 도대체 어떻게 이 험한 산길을 오르내리며 이런 건물들을 지었을까요? 놀랍게도 산길에는 말이 오르던 길도 있습니다. 말이 짐을 싣고 오르기에는 너무 가파르니까 빙 둘러 올라가도록 8자 모양의 길을 낸 겁니다. 실제로 이 길을 올라보면 직진하는 길로 오르는 거나 8자 길로 오르는 거나 비슷한 시간이 걸립니다. 직진 길은 너무 힘들어서 자주 쉬어야 하기 때문이지요.

오녀산성은 일단 유사시에 주몽과 부하들이 올라가 생활하면서 외적을 물리치던 산성입니다. 하고성자에 있던 평지의 성과 오녀산성이 짝을 이루는 이중 성곽 체제는 그 후로도 고구려 성의 특징을 이룹니다. 나아가 조선 시대에 이르기까지 한국 전통 성곽의 기본 형태를 이루게 되지요.

지금까지 우리는 지린으로부터 환런까지 먼 길을 달려왔습니다. 그러는 동안 부여, 고구려와 같은 고대 강국의 건국에 어린 이야기를 살펴볼 수 있었지요.

그런데 부여와 고구려의 건국 설화는 왜 이렇게 닮았을까요? 동명과 주몽은 신기하게 태어난 것, 짐승들이 해치지 않은 것, 큰 강을 만나자 자라 떼가 나타나 다리를 만들어 준 것 등 같은 점이 너무나 많습니다. 게다가 훗날 고구려 사람들은 자기네 시조인 주몽을 '동명성왕'이라고 불렀답니다. 부여의 시조와 고구려의 시조가 같은 이름을 갖게 된 거지요.

왜 그랬을까요? 주몽은 부여를 탈출해서 고구려를 세웁니다. 이로 미루어 볼 때 고구려의 중심 세력은 부여에서 갈라져 나온 사람들입니다. 그 후 부여와 고구려는 사이가 나빠자주 싸웠습니다. 그러다가 끝내 고구려가 부여를 집어삼키게 됩니다. 부여는 비록 멸망했지만 만주 일대에 커다란 자취를 남긴 위대한 나라였습니다. 고구려 사람들은 그런 부여의 영광을 이어 가고 싶어 했습니다. 그래서 부여의 건국 설화를 베껴서 자기네 건국 설화로 만들어 버린 겁니다. 마치

로마 사람들이 그리스 신화를 베껴서 자기네 신화로 만들어 버린 것처럼 말이죠. 그러고는 시조의 호칭마저 부여의 건국자와 같은 이름으로 바꿔 버렸습니다.

이렇게 부여의 위대한 전통을 계승하려고 한 나라가 또 하나 있었습니다. 바로 백제입니다. 『삼국사기』에 따르면 백제의 시조인 온조는 주몽이 졸본에서 새로 혼인해 낳은 아들입니다. 부여에서 태어난 주몽의 맏아들 유리가 주춧돌 사이에 숨겨둔 칼을 들고 찾아오자, 주몽은 유리를 태자로 삼았습니다. 그러자 온조는 무리를 이끌고 남쪽으로 내려가 한강

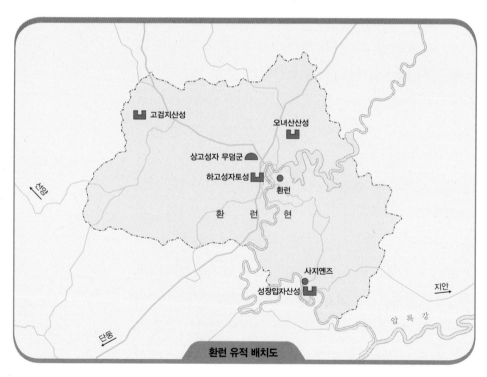

환런 유적 배치도

탁리국

지린

유역에 나라를 세웠습니다. 이로 미루어 볼 때 백제의 중심 세력은 고구려에서 갈라져 나온 사람들입니다.

백제 사람들은 자신들도 부여의 전통을 이어받았다고 생각했습니다. 그래서 백제 왕실은 부여의 시조인 동명의 사당을 세우고 그곳에서 제사를 지내곤 했습니다. 훗날 백제가 한강 유역을 잃고 금강 유역으로 내려갔을 때는 나라 이름을 '남부여'라고 바꾸기도 했습니다. 오늘날 그 이름은 백제의 옛 서울인 사비성을 가리키는 '부여읍'으로 남아 있습니다.

부여는 고구려, 백제로 이어지는 위대한 전통을 시작한 중요한 고대 국가입니다. 그 전통은 쑹화 강에서 시작해 두만강과 압록강을 거쳐 한강과 금강까지 이어졌습니다. 룽탄 산성에서 굽어보는 쑹화 강은 그 유구한 전통의 시작을 노래하며 지금도 유유히 흐르고 있습니다.

○ 부여 궁남지
백제 성왕은 538년 사비로 도성을 옮기고 나라 이름을 남부여로 바꿨다. 그래서 사비가 오늘날 부여라는 이름을 갖게 된 것이다. 무왕이 부여에 만든 인공 연못 궁남지.

02

천하의 중심 고구려

달려라
광개토대왕!

지안

이제 고구려의 요람인 오녀산성에서 내려와 동쪽으로 달려 보겠습니다. 환런으로부터 지안으로 가는 길에 여러분은 사람이 만들어 놓은 커다란 경계선을 넘습니다. 환런은 랴오닝 성에 속하지만 지안은 지린 성에 속하기 때문입니다.

그렇게 두 성의 경계를 넘어 지안에 이르면 여러분은 어쩌면 살짝 놀랄지도 모릅니다. 단순히 중국 지린 성에 속하는 것으로만 알고 있던 지안이 우리에게 낯익은 압록강변에 자리 잡고 있다는 사실 때문입니다.

고구려의 두 번째 도성이자 가장 오랫동안 고구려의 중심지였던 지안. 그곳은 뜻밖에도 한반도와 너무나 가까운 곳에 자리 잡고 있습니다.

✿ 고구려인이 영면한 지안 시의 산성하 고분군

오녀산성이 있는 랴오닝 성의 환런에서 차를 타고 약 200킬로미터

달리면 지안[集安]이라는 곳이 나옵니다. 직선거리로는 100킬로미터가

채 안 되지만 워낙 험한 길이라 지름길로 가도 150킬로미터는 족히 나옵니다.

지금이야 돌아가더라도 넓은 도로를 달리니까 서너 시간이면 되지만

옛날에는 굽이굽이 말을 타고 달려도 한나절은 꼬박 걸리는 거리였습니다.

그래도 위안이 되는 것은 길가의 경치가 아름답다는 사실입니다.

황제의 비석

지안은 압록강을 사이에 두고 북한의 만포 시와 마주보고 있는 작은 도시입니다. 서기 414년, 그 작은 도시가 내려다보이는 나지막한 언덕 위에서 이야기는 시작됩니다. 언덕에는 사람들이 모여서 거대한 비석의 제막식을 하고 있습니다. 6미터가 넘는 거대한 비석은 서쪽 아래 길게 누워 있는 거대한 무덤을 내려다보고 있습니다. 비석 아래에서는 왕으로 보이는 남자가 경건한 표정으로 비석에 새겨진 글자들을 읽고 있군요. 단단해 보이는 비석에는 약 1800자나 되는 글자가 새겨져 있습니다.

"아버님! 이제야 아버님의 업적을 새긴 비석을 완성해 영전에 바칩니다. 부디 하늘에 가셔서 편히 쉬소서."

아하, 이제 알겠습니다. 이 남자는 고구려의 제20대 장수왕입니다. 그는 선왕이자 아버지인 광개토대왕의 무덤 앞에 그분의 생애와 업적을 기리는 비석을 세우고 이제 그 앞에서 선왕께 제사를 지내고 있는 것입니다. 지난해인 413

○ **광개토대왕릉비**
우람한 각력응회암 비석의 네 면에 걸쳐 고구려의 건국 신화와 당대의 역사를 생생하게 기록한 1775자의 비문이 새겨져 있다.

년, 광개토대왕이 서른아홉 살의 젊은 나이에 세상을 떠나자 장수왕은 열아홉 살의 나이에 왕위를 계승했습니다. 그때부터 장수왕은 고구려 최고의 역사가들과 글씨 명인들을 모아 비석에 아버지의 공적을 새겼습니다. 이 비석은 훗날 광개토대왕릉비라고 알려지게 될 것이고 그 앞에 길게 뻗은 '태왕릉'에는 광개토대왕이 잠들어 있을 것입니다.

　　장수왕과 신하들은 제사를 마친 뒤 언덕을 내려가 도성으로 돌아갑니다. 광개토대왕릉비에서 직선거리로 5킬로미터쯤 떨어진 곳에 고구려의 도성인 국내성이 자리 잡고 있습니다. 주몽이 고구려를 세운 곳은 오녀산성으로 알려져 있는데, 언제 이쪽으로 도성을 옮겼을까요? 『삼국사기』에 따르면 제2대

✪ **광개토대왕릉**
지안 시 여산 남쪽 기슭에 자리 잡은 기단식 돌무지무덤. 무너져 내린 기단부와 그 위층 일부만이 원형을 유지하고 있다.

유리왕 때 벌써 좁은 환런 땅을 벗어나 이곳으로 옮겼다고 합니다.

지도에서 보면 알 수 있지만 깎아지를 듯한 절벽에 기대어 세워진 오녀산성에 비하면 이곳 국내성은 주변이 트여 있습니다. 시야를 한반도와 만주 전체로 넓혀 보면 국내성은 거의 그 중심부에 자리 잡고 있다고 해도 과언이 아닙니다. 북쪽으로는 북만주를 도도하게 흐르는 헤이룽 강으로부터 남쪽으로는 반짝거리는 다도해의 한려수도까지, 서쪽으로는 중국 대륙을 향해 비수처럼 뻗어 있는 랴오둥 반도로부터 동쪽으로는 동해로 흘러 나가는 두만강 하구까지 이어지는 십자로의 한가운데 국내성이 떡 버티고 있는 것입니다.

고구려가 좁은 환런을 벗어나 압록강변의 국내성으로 옮겨 온 것은 자신감을 갖고 주변 지역으로 뻗어 나가려는 움직임이었습니다. 오녀산성을 중심으로 한 졸본 땅에 한정된 부족국가에서 넓은 영역을 가진 중앙집권적 고대국가로 발돋움하는 것이었죠. 앞에서도 이야기한 것처럼 고구려는 한나라에 정복당한 고조선의 옛 땅에 세워진 나라였습니다. 따라서 고구려 주변에는 한나라가 만주와 한반도 북부를 지배하기 위해 세운 현도군, 낙랑군 등의 군현이 자리 잡고 있었습니다. 고구려는 바로 그와 같은 한 군현들을 공격하고 밀어 내면서 하나의 나라로 자리 잡아 갔던 것입니다.

무너진 국내성

이처럼 교통의 요지인 국내성으로 도읍을 옮긴 것은 위험을 떠안는 일이기도 했습니다. 그곳에 있으면 고구려가 한 군현을 공격하기 좋은 만큼 한나라와 부여도 고구려를 공격하기 좋을 수밖에 없기 때문입니다. 그래서 고구려는 부여, 한나라와 죽기 살기로 싸우며 영역을 넓혀 나갔습니다. 고구려를 강력한 고대국가로 발돋움시킨 6대 태조왕 시절에는 날로 세력을 키워 가는 고구려를 꺾기 위해 부여와 한나라의 연합군이 쳐들어와 일전을 벌인 일도 있습니다.

그러다가 중국에서 한나라가 멸망하고 소설 『삼국지연의』로 유명한 삼국 시대가 시작되었습니다. 한나라의 승상 지금의 총리 자리를 꿰어 찬 조조가 허창을 중심으로 세를 이

● **국내성**
광개토대왕릉비에 나오는 통구성에 해당하는 것으로 보인다. 성벽의 전체 길이는 2686미터이고 동서가 남북에 비해 약간 길다. 서북쪽 2.5킬로미터 지점에 환도산성이 자리 잡고 있다.

루고 그 남쪽에 유비와 손권이 각각 자기 영역을 굳혀 천하를 셋으로 나눠 가진 시대입니다. 조조의 아들 조비는 한나라의 황실을 무너뜨리고 위魏를 세우고, 손권과 유비는 각각 오吳와 촉蜀을 세워 세발솥처럼 맞섰습니다. 그때 고구려와 국경을 맞댄 나라는 북쪽에 있는 위나라였죠.

우리가 소설과 영화에서 보는 『삼국지연의』는 적벽, 오장원 같은 중국의 명소를 무대로 영웅호걸들이 활약하는 이야기입니다. 그러나 현실에서 삼국 중 하나인 위나라는 고구려에 엄청난 위협을 가하던 무서운 나라였습니다. 중국의 삼국 가운데 가장 힘이 셌던 위나라는 오와 촉을 제압해 중국을 다시 통일하려 했을 뿐 아니라 고구려까지도 정복하려 했습니다.

제갈량이 위나라와 전쟁을 벌이던 중 죽고 삼국의 판도가 위나라에 기울던 242년, 고구려의 제11대 동천왕은 선제공격을 가해 국내성으로부터 200여 킬로미터 떨어진 서안평을 공격했습니다. 서안평은 압록강이 황해로 흘러나가는 하구河口에 자리 잡은 곳으로 오늘날 압록강을 사이에 두고 북한의 신의주와 마주보고 있는 단둥丹東에 해당합니다. 그곳을 차지하게 되면 황해뿐 아니라 랴오둥 반도로 진출하는 데 매우 유리해지죠.

이를 그냥 두고 볼 위나라가 아니었습니다. 위나라는 관구검이라는 뛰어난 장수에게 군사를 주어 고구려를 공격하

○ **단둥에서 바라본 압록강**
오늘날 압록강은 중국과
북한을 가르는 경계이지만
고구려에는 나라 안의 강일
뿐이었다.

게 했습니다. 관구검은 지금의 베이징 부근인 유주幽州를 다
스리던 장관이었습니다. 동천왕은 몸소 군대를 이끌고 나가
관구검의 군대와 맞아 싸워 이겼습니다. 내친 김에 동천왕
은 위나라 군대를 추격했지만 전열을 정비한 관구검은 반
격을 가해 역전승을 거둡니다. 그러고는 군대를 몰아 동천
왕을 추격한 끝에 고구려의 수도인 환도성丸都城을 함락했습
니다.

잠깐만! 고구려의 수도가 국내성이라고 하더니 여기서 갑
자기 환도성이라는 곳이 수도로 나오는 이유는 무엇일까요?
이를 이해하려면 고구려의 성곽 체제를 이해해야 합니다.
앞서 주몽이 오녀산성에서 고구려를 건국한 것으로 알려졌지만, 그 부근 평지에 자리 잡은 하고성자下古城子 유적이 실제로는 고구려의 요람일 가능성이 있다고 했습니다. 평소에는 하고성자에서 생활하다가 전란과 같은 비상시에는 오녀산성으로 들어가 농성하며 지냈으리라는 것이지요. 국내성도 마찬가지였습니다. 평소에는 평지에 있는 국내성에서 모든 도시 기능이 이루어지지만 외적이 쳐들어와서 국내성이 위태로워지면 피신하는 산성을 부근에 세웠습니다. 그곳이 바로 환도성입니다.

환도성은 국내성으로부터 북쪽으로 조금 떨어진 산에 자리 잡고 있습니다. 그래서 환도산성이라고도 합니다. 고구려가 산성을 쌓은 방식은 두 가지가 있습니다. 하나는 산봉우리를 둘러싸고 능선을 따라 성을 쌓는 '테뫼식'입니다. 오녀산성은 천연 절벽을 둘러싸고 성을 쌓았으니 테뫼식 산성입니다. 다른 하나는 산의 골짜기를 따라가며 성을 쌓는 '포곡식'입니다. 환도산성이 바로 여기에 해당하는 커다란 산성이죠. 오녀산성이 그랬던 것처럼 환도산성 안에도 왕이 머물 궁전과 귀족들의 집, 군사들의 초소, 식수를 해결할 우물 등이 마련되어 있었습니다.

관구검은 이처럼 고구려가 비상시에 대비해 건설한 환도산성을 무너뜨린 것입니다. 그러니 평지성인 국내성이 위나라 군대에 넘어간 것은 말할 나위도 없습니다. 동천왕은 마지막 버팀목이던 환도산성마저 잃은 채 황망히 동쪽으로 도주하

고, 관구검은 부하 장수 왕기를 시켜 그 뒤를 쫓았습니다. 수
도가 적의 수중에 떨어진 데다 왕의 목숨이 경각에 달렸으
니 고구려는 그야말로 나라가 망할 위기를 맞았습니다. 바로
이때 목숨을 바쳐 동천왕을 구하고 고구려를 구한 충신들이
있었으니, 그들이 밀우와 유유였습니다.

　먼저 밀우가 결사대를 모아 추격군과 싸우는 사이 동천왕
은 가까스로 두만강변의 옥저로 피신할 수 있었습니다. 옥저
는 지금의 함흥 일대로부터 동해안을 따라 두만강 유역까지
길게 분포해 살던 종족으로, 고구려의 지배를 받으며 고구려
에 해산물 등을 공납으로 바치고 있었습니다. 위나라 군대는
밀우의 결사대에 막혀 동천왕을 놓쳤지만, 포기하지 않고 수
백 킬로미터 떨어진 옥저까지 진격했습니다.

❂ **환도산성**
해발 676미터의 험준한
환도산에 자리 잡고 있다.
산성의 남쪽 바로 아래에는
압록강의 지류인 통구하가
동에서 서로 흐르면서 천연
해자(성 밖으로 둘러 판 못)
구실을 하다가 남쪽으로
방향을 바꾸어 흘러간다.

그때 유유가 나서 위나라 진영을 찾았습니다. 그는 동천왕이 항복하려 한다는 거짓말로 위나라 군대를 안심시킨 뒤 몰래 숨겨 간 칼로 위나라 장수를 죽이고 자신도 목숨을 끊었습니다. 장수를 잃은 위나라 군대는 혼란에 빠졌지요. 동천왕은 이 기회를 놓치지 않고 결사적인 반격을 가해 위나라 군대를 격퇴했습니다. 이로써 압록강변의 국내성과 두만강변의 옥저를 오간 수백 킬로미터의 추격전은 고구려군의 승리로 막을 내리고, 동천왕은 수도와 나라를 되찾을 수 있었습니다.

달려라 고담덕!

고국원왕 때는 큰 위기가 닥쳤습니다. 먼저 서쪽에서 중국의 연나라가 4만 명의 대군으로 쳐들어왔답니다. 고국원왕이 서

○ 서대총
미천왕의 능으로 짐작되는 곳. 1937년 일본인이 답사하고 나서 이 무덤이 통구평원의 서쪽 끝에 있고 그 모양이 높고 크다고 해서 서대묘라 불렀다고 한다.

울을 버리고 도망가자 연나라 군대는 고국원왕의 아버지인 미천왕의 무덤을 파헤쳐 시체를 가지고 갔습니다. 고국원왕은 어쩔 수 없이 연나라에 사신을 보내 공물을 바치고 아버지의 시체를 되돌려 받았습니다.

고국원왕의 위기는 여기서 끝나지 않았습니다. 굴욕적인 외교를 통해 가까스로 연나라의 위협을 덜자 이번에는 남쪽에서 백제군이 쳐들어왔습니다. 당시 백제는 역대 최강의 군주로 꼽히는 근초고왕이 다스리는 강대한 국가였습니다. 중국 요서 지방까지 진출해 그곳에 무역 전진 기지를 만들어 놓고 활발한 교역을 펼쳤습니다.

앞에서도 살펴본 것처럼 백제와 고구려는 뿌리가 같습니다. 둘 다 부여의 동명왕을 조상신으로 숭배하고 부여의 영광을 계승하는 것을 자랑으로 여기는 형제 나라였습니다. 그

◉ 환도산성에서 바라본 국내성의 모습
고구려의 도성은 평지성인 국내성과 산성이 환도산성이 이중 구조로 되어 있었다. 환도산성에서 국내성까지의 거리는 약 2.5킬로미터이다.

러나 사이가 좋지는 않았습니다. 부여의 정통을 누가 계승하느냐를 놓고 으르렁거리는 일이 더 많았지요. 근초고왕이 고구려를 침공한 것도 그러한 이유에서였습니다.

그때 고국원왕은 몸소 군대를 이끌고 나가 지금의 평양에서 백제군과 맞서 싸웠습니다. 그러다가 백제군에서 날아온 화살을 맞고 그만 목숨을 잃고 말았답니다. 일국의 군주가 전쟁터에서 사망한 것은 보통 큰일이 아니었습니다. 불행 중다행으로 백제군은 더 이상 북진하지 않고 고구려를 크게 혼내 준 것에 만족하고 군대를 돌렸습니다.

고구려는 자칫 나라가 망할지도 모르는 중대한 사태에 직면했습니다. 이 위기를 돌파할 임무를 받고 왕위에 오른 이가 광개토대왕의 큰아버지인 소수림왕이었습니다. 다행히 고국원왕 때 고구려를 괴롭히던 연나라는 북중국의 새로운 강자로 떠오르던 전진과 싸우다가 망하고 없었습니다. 이때 망한 연나라를 훗날 부활한 연나라와 구별해 전연前燕이라고 부릅니다. 훗날 부활해 광개토대왕과 한바탕 승부를 겨루게 되는 연나라는 후연後燕이 되겠죠?

소수림왕은 강대국인 전진과 우호 정책을 펼쳐 나라를 안정시키려 했습니다. 전진의 강력한 왕인 부견도 고구려에 대해 평화를 우선시하는 정책을 폈습니다. 그때 부견은 고구려에 승려 순도를 보내 불교를 전해 주었습니다.

불교는 고구려의 역사, 아니 우리나라 역사에서 매우 중요한 역할을 했습니다. 그전까지 고구려를 비롯한 삼국에서는 왕이나 귀족들이 저마다 조상신을 숭배하고 있었습니다. 그러나 불교는 지역 종교가 아니라 세계 종교이기 때문에 모든 사람이 똑같은 부처, 똑같은 교리를 따르게 합니다. 임금이 불교를 앞장서서 포교하고 장려하면 모든 사람이 임금을 중심으로 똑같은 믿음을 갖게 되는 것이지요. 그렇게 되면 왕을 중심으로 하는 중앙집권적인 권력 체제가 좀 더 효율적으로 작동할 수 있습니다.

소수림왕은 이처럼 불교가 흐트러진 민심을 바로잡고 자신을 중심으로 나라의 틀을 다잡을 수 있다는 것을 알고 적극적으로 불교를 퍼뜨렸습니다. 절도 많이 짓고 승려도 양성했습니다. 불교는 빠르게 고구려의 종교가 되어 갔고, 소수림왕은 한 손에 권력을 모을 수 있게 되었습니다. 여기에 더해 소수림왕은 자신에게 충성을 다할 벼슬아치를 양성하기 위해 태학이라는 국립대학을 세웠습니다. 그리고 중국에서 들어온 유교 경전을 가르치도록 했습니다. 유교는 왕과 귀족이 저마다 분수에 맞게 행동할 것을 가르치는 사상입니다. 따라서 고구려는 불교와 유교 덕분에 점점 더 왕 중심의 고대 국가로 안정되어 갈 수 있었던 것입니다.

소수림왕이 죽자 동생인 고국양왕이 임금 자리에 올랐습니다. 이때 중국에서는 망했던 연나라가

고구려의 불상
평양 원오리의 옛 절터에서 발견된 소조 불상으로 높이는 약 17센티미터이다. 고구려는 우리 역사에서 가장 먼저 불교를 도입한 나라였다.

다시 살아났지요. 후연이었습니다. 후연은 과거 전연의 예를 들어 고구려 왕에게 조공을 바칠 것과 자신에게 충성을 다할 것을 요구했습니다. 남쪽의 백제는 여전히 강했습니다. 고국양왕은 앞날을 벼르며 우선은 서쪽의 후연이나 남쪽의 백제와 큰 충돌이 일어나지 않도록 조심했습니다. 그러나 그는 훗날을 도모하기에는 너무 빨리 세상을 떠났습니다.

391년 태자 고담덕이 열일곱 살 어린 나이에 왕위에 올랐습니다. 그가 바로 광개토대왕입니다. 그는 큰아버지와 아버지가 다져 놓은 국력을 바탕으로 더 이상 후연이나 백제에게 질질 끌려 다니는 굴욕을 감수하지 않겠다고 선언했습니다.

열일곱 살 어린 나이에도 불구하고 광개토대왕은 백제에 빼앗긴 남쪽 영토를 되찾기 위해 군사를 이끌고 전쟁터로 달려갔습니다. 백제군은 광개토대왕을 애송이라고 생각하고 쉽게 봤다가 크게 지고 석현이라는 성을 비롯한 열곳의 성을 빼앗겼지요. 광개토대왕은 거기에 머물지 않고 이번에는 배를 타고 황해를 거쳐 백제를 대대적으로 공격했답니다. 이 전쟁으로 고구려는 한강 북쪽과 예성강 동쪽의 땅을 완전히 차지할 수 있게 되었습니다.

광개토대왕이 왕위에 오른 지 10년째 되는 400년^{광개토대왕 10}에는 신라에서 급히 지원군을 보내 달라는 편지가 왔습니다. 왜군이 신라에 쳐들어왔다는 것이었습니다. 광개토대왕은 5만 명의 대군을 보내 왜군이 다시는 쳐들어올 생각을 하지 못하도록 혼내 주었답니다.

후연은 옛날 전연이 그랬던 것처럼 여전히 고구려에 대해 상전 노릇을 하려고 들었습니다. 광개토대왕은 후연의 황제 모용 희에게 사신을 보냈습니다. 그런데 모용 희는 고구려 사신의 태도가 건방지다는 이유를 들어 군사를 일으켜 고구려를 침공했지요.

광개토대왕은 군사를 일으켜 대반격에 나섰습니다. 쳐들어온 후연의 침략군을 물리친 데서 그치지 않았습니다. 고구려군의 반격에 겁을 집어먹고 도망치는 후연 군대를 쫓아가서 후연이 차지했던 땅까지 빼앗아 버렸습니다. 신성, 남소 등 700여 리의 땅이 고구려에 들어왔답니다.

이것은 그때까지 중국 세력에 밀리던 고구려가 대역전의 계기를 잡은 중요한 승리였습니다. 한반도뿐 아니라 동아시아 전체에서 고구려를 함부로 할 수 있는 나라는 하나도 없게 된 겁니다.

모용 희는 두 번이나 더 고구려를 침략했습니다. 광개토대왕은 그때마다 보란 듯이 침략군을 쫓아 버렸답니다. 후연이 상대해야 하는 나라는 고구려만이 아니라 중국에도 얼마든지 있었습니다. 특히 북위는 과거 전연처럼 아주 강력한 나라였습니다. 모용 희는 광개토대왕에게 꼼짝 못하고 당하면서 이러지도 저러지도 못하게 되자 치를 떨면서 점점 더 폭군으로 변해 갔습니다.

409년^{광개토대왕 19} 후연에서 중위장군이라는 벼슬을 지내던 풍발이라는 관리가 군사를 일으켜 자기네 황제인 모용 희를 죽여 버렸습니다. 정변에 성공한 풍발은 도량이 넓고 여러 신하들의 믿음을 한 몸에 받던 모용 운이라는 사람을 새로운 황제로 받들었습니다. 모용 운은 황제가 되자 갑자기 자기 성을 모용에서 '고'로 고쳤답니다. 모용 운이 고운이 된 거지요. 그는 바로 전연이 쳐들어와 미천왕의 시체를 파헤쳐 갈 때 함께 끌려간 고구려 귀족의 후손이었습니다. 고운은 어려서 전연 태자에게 잘 보인 덕에 모용이라는 성씨를 하사받았던 것이랍니다. 하지만 본인이 황제가 되자 자신의 뿌리였던 고구려의 성씨를 되찾은 것이지요.

고운이 후연 황제가 되었다는 소식은 광개토대왕에게도 전해졌습니다. 광개토대왕은 사절단을 꾸려 연나라로 보냈습니다. 후연 수도 용성^{지금의 중국 랴오닝 성 차오양}으로 들어가 고운을 만난 고구려 사절단은 광개토대왕의 분부를 받들어 '종족^{宗族}의 예'를 치렀습니다. 종족이라는 것은 같은 성씨

지안

를 가진 동족이라는 뜻이지요. 이제 후연과 고구려는 형제의 나라라는 것을 확인하는 잔치였던 것입니다. 고운도 광개토대왕의 뜻을 받아들여 고구려에 화답하는 사신을 보냈습니다.

하지만 안타깝게도 고운은 오랫동안 황제의 자리를 누리지 못했습니다. 반란이 일어나 자신을 가깝게 모시던 자들에 의해 비운의 최후를 맞이했던 것입니다. 고운을 황제로 추대했던 풍발이 이 혼란을 수습하고 황제 자리에 올랐지만, 옛날처럼 고구려에 쳐들어오는 일은 없었습니다.

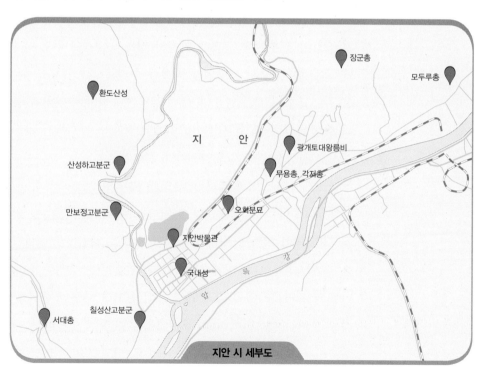

지안 시 세부도

그때 후연 옆에는 북위라는 강국이 있었고 남쪽에는 동진이라는 부유한 나라가 있었습니다. 또 중국 북쪽에는 유연이라는 유목 제국이 버티고 있었지요. 광개토대왕의 고구려는 이러한 중국의 왕조들, 그리고 유연 등과 더불어 동아시아에서 가장 강한 나라 가운데 하나를 이루었습니다.

　백제와 후연을 밀어내고 땅을 넓힌 광개토대왕은 거기서 그치지 않았습니다. 오래전부터 고구려의 숙적이었던 부여는 아직도 고구려 동쪽에서 버티고 있었거든요. 힘은 많이 약해졌지만 아직도 부여라는 나라가 뿜어내는 신비한 느낌은 만주와 한반도 북쪽에 널리 퍼져 있었습니다. 광개토대왕은 그 전설의 왕국 부여를 공격해 완전히 정복해 버렸답니다. 이제 만주와 한반도에서 고구려를 괴롭힐 수 있는 나라나 세력은 하나도 남지 않게 되었습니다. 더욱이 전설적인 부여마저 품에 안았기 때문에 고구려는 바야흐로 동북아시아에서 가장 강하고 신성한 나라가 되었습니다.

　광개토대왕의 업적은 다른 나라와 싸워 이기고 영토를 넓혔다는 데 있는 게 아닙니다. 어떤 나라의 지배나 간섭도 받지 않고 자기 힘으로 당당하게 자기 운명을 개척한 것이야말로 광개토대왕의 첫 번째 가는 업적이었습니다. 우리나라 사람들은 중국이라는 강대국 옆에 붙어 있어서 자꾸만 남의 눈치를 보거나 쓸데없이 남을 부러워하는 습관이 있습니다. 광개토대왕을 보면서 당당하게 자기 발로 서고 자기 머리로 판단하며 자기 힘으로 살아가는 자세를 배웠으면 좋겠습니다.

이렇게 고구려의 땅을 넓히고 조국을 강대국으로 만든 광개토대왕은 서른아홉 살이라는 너무나도 젊은 나이에 세상을 떠나고 말았습니다. 오늘날 광개토대왕의 업적을 기린 비석은 만주 벌판에 남겨져 있지만 자기 머리로 생각하는 자주적인 나라를 이룩한 그의 업적은 영원히 우리 민족의 정신 속에 살아 있을 것입니다.

○ **장군총**
지안 시 룽산에 있는 고구려 때의 돌무지무덤. 잘 다듬은 화강석을 7층으로 쌓아 조성한 대형 무덤으로, 장수왕릉으로 추정되고 있다.

03

고구려와 수나라 백만 대군의 전쟁

달려라
을지문덕!

서기 612년 탁군(지금의 중국 베이징) 벌판에 100만 명이 넘는 군사가 집결했습니다. 그들을 뒤따를 보급 병력까지 합치면 300만 명도 넘는 엄청난 인원입니다. 그들은 천지를 진동케 하는 함성을 지르며 일사불란한 대형을 갖추고 동쪽으로 진군하기 시작합니다.

그들은 오랜 분열을 극복하고 중국을 통일한 수나라의 양제가 몸소 이끄는 군대입니다. 수 양제는 이 어마어마한 대군을 이끌고 700킬로미터 떨어진 요동성으로 가서 고구려 정복을 시작할 꿈에 부풀어 있습니다. 우리도 이들을 따라 랴오허 강 서쪽에서 동쪽으로 만주 벌판을 가로질러 보겠습니다.

❀ 요동으로 가는 길에 만나는 랴오닝 성과 지린 성의 접경

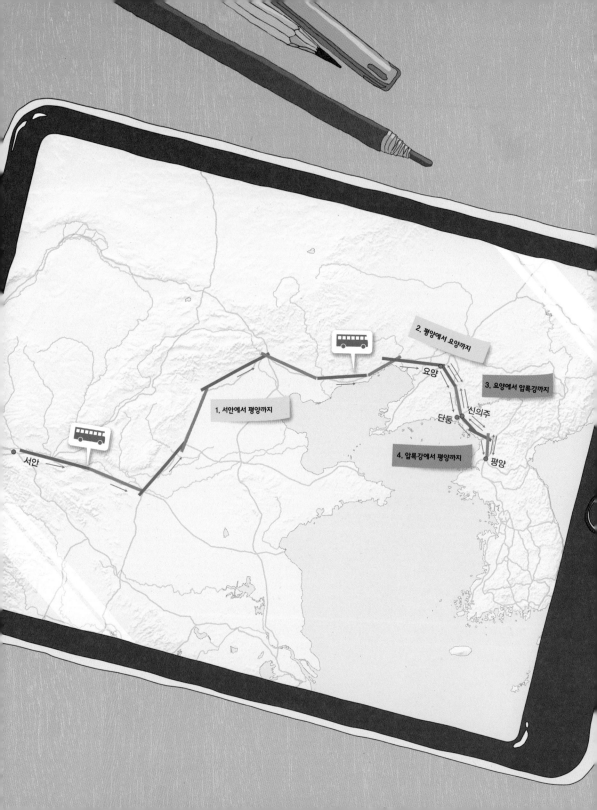

이번 여행은 만주에서 서쪽으로 한참 멀리 떨어진 시안에서 시작합니다.

이곳은 중국 고대 제국인 한나라의 도읍이 있던 곳으로 장안이라

불렸습니다. 한나라가 망한 뒤로 오랫동안 분열되어 있던 중국은 수나라에

의해 통일되었고, 통일 수도는 다시 장안이었습니다.

이제 이곳에서 고구려를 정벌하기 위한 대군이 만주를 향해 떠납니다.

오늘날의 베이징을 거쳐 랴오닝 성과 지린 성을 지나 압록강을 건널

예정입니다. 그들을 따라가며 우리가 만나게 될 것은 두려움을 모르는

용맹스러운 고구려군입니다.

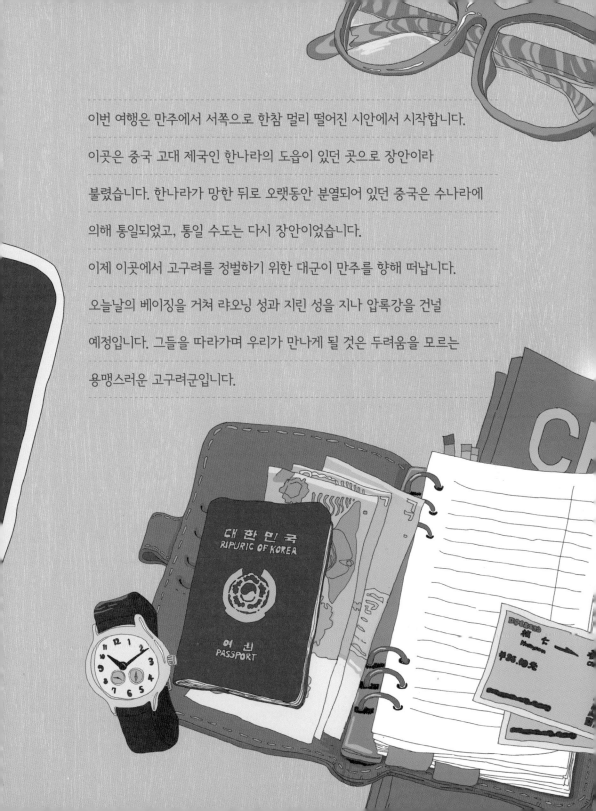

백만 대군의 진군

|

고구려는 광개토대왕에 이어 장수왕, 문자명왕에 이르기까지 중국과 어깨를 나란히 하며 동북아시아의 강대국으로 군림할 수 있었습니다. 그것은 고구려가 잘해서이기도 하지만 중국이 여러 나라로 분열되어 있었기 때문에 가능했던 일이기도 합니다.

　중국은 3세기 초에 한나라가 망하고 삼국으로 분열한 이래 오랜 세월 양쯔 강 남과 북에 여러 왕조가 들어서는 시대

를 맞았습니다. 우리 조상의 나라들 가운데 가장 북쪽에 있던 고구려와 국경을 맞댄 나라만도 위나라, 전연, 전진, 후연, 북위 등으로 여러 차례 바뀌었습니다. 이렇게 분열된 여러 나라 가운데 한 나라와 상대할 수도 없을 만큼 고구려가 약한 나라는 아니었죠.

　그러나 6세기 말에 이르러 중국에는 통일의 기운이 무르익기 시작했습니다. 300년 가까운 분열기가 끝나 가고 있었단 말입니다. 그 주인공은 수나라였습니다. 양쯔 강 이북에 있던 중국 왕조들을 북조北朝, 양쯔 강 이남에 있던

○ 수 문제

수나라의 초대 황제(재위 581~604)로 581년 수나라를 세웠다. 과거제를 실시하고 중앙집권제를 강화하고, 589년 남조의 진을 평정해 남북조를 통일했다.

시안 　베이징

왕조들을 남조南朝라고 합니다. 수나라는 먼저 북조를 통일한 뒤 여세를 몰아 남조의 진나라마저 무릎 꿇려 천하 통일을 이룩했습니다.

이렇게 중국이 통일되면 중국과 국경을 접하고 있는 고구려는 당연히 그 영향을 받을 수밖에 없습니다. 그 옛날 고조선도 오랫동안 분열되었던 중국이 시황제의 진나라에 의해 통일되면서 위기에 처한 적이 있습니다. 그러고는 마침내 진나라를 이은 중국의 통일 제국 한나라의 침략을 맞아 멸망하고 말았지요.

고구려는 한나라가 차지한 압록강 유역에서 태어나 한나라의 위협을 이겨내고 성장한 나라입니다. 중국이 통일되었을 때 고구려에 어떤 위협을 가할지 잘 알고 있었다고 해야

○ **요동을 흐르는 태자하**
라오닝 싱 농부에서 발원해 동에서 서로 흘러 번시, 랴오양을 지나 라오허 강에 합류한다.

겠지요. 드넓은 중국 대륙이 통일되어 천하를 호령하게 되면 동쪽의 만만치 않은 나라 고구려가 거슬리게 마련입니다. 고구려는 이에 대비해 나가기 시작했습니다. 밖으로는 멀리 북아시아의 돌궐에 사신을 보내 수나라의 침략에 대비한 연합 전선을 모색하고, 안으로는 더욱더 많은 성을 쌓고 군대를 길렀습니다. 전쟁은 피할 수 없는 일로 다가오고 있었습니다.

　수나라가 중국을 통일한 것은 서기 589년의 일이었습니다. 수나라를 세운 문제는 우선 중국 여러 왕조를 무릎 꿇리고 나라 안의 여러 지역과 세력이 자신에게 충성을 바치도록 하

○ 수 양제
수나라의 제2대 황제로서
만리장성을 고쳐 쌓고
대운하를 완성했다.

는 데 힘을 썼습니다. 그리고 아니나 다를까 고구려의 영양왕에게도 편지를 보내 와 자신의 신하가 될 것을 요구했습니다. 드디어 올 것이 온 것이지요. 그러나 고구려는 그렇게 호락호락한 나라가 아니었습니다. 영양왕은 도리어 군사를 보내 수나라의 요서 라오허 강 서쪽 지방을 선제공격했습니다. 주권을 지키려는 고구려의 의지도 보여 주고 수나라의 힘도 떠볼 요량이었지요.

　수 문제는 이런 고구려가 괘씸해 30만 대군을 파견하기도 했으나 성과 없이 돌아갔습니다. 고구려 같은 강국, 게

다가 북아시아의 막강한 세력인 돌궐과 연합 전선을 펴는 나라를 치려면 그 정도 병력으로는 어림도 없었던 모양입니다. 문제의 대를 이어받은 양제는 우선 통일 제국의 내실을 다지는 데 힘을 모았습니다. 그는 양쯔 강의 남과 북을 잇는 대운하를 건설해 통일된 제국에서 세금과 각종 물품을 원활하게 운송할 수 있도록 하는 거대한 사업을 벌였습니다. 이것은 진 시황제가 만리장성을 쌓은 것 만큼이나 무리한 사업이었지만 통일 제국이 아니면 감히 이룰 수 없는 커다란 업적이기도 했습니다.

이렇게 나라를 정비하고 힘을 비축한 양제는 드디어 고구려 정벌을 결심했습니다. 그는 온 나라에 방을 붙여 수나라에 고분고분하지 않은 고구려를 힘으로 무릎 꿇리기 위해 대규모 원정군을 조직한다고 선포했습니다. 중국 전역에서 원정에 필요한 군사 장비와 식량이 원정의 베이스캠프인 탁군지금의 베이징으로 보내졌습니다. 대운하와 전국 곳곳의 도로가 이러한 물자와 동원된 군사들로 가득 찼습니다.

서기 612년 수나라의 고구려 원정대는 지축을 울리는 군악 소리와 함께 고구려의 전초 기지가 있는 요동을 향해 발걸음을 떼 놓기 시작했습니다. 얼마나 많은 군사들이 이동하기 시작했을까요? 놀라지 마십시오. 무려 100만 명이 넘는 군사들이 정연한 대오를 형성하고 동쪽으로 진군해 나갔습니다. 단순히 많다는 것을 표현하기 위한 '백만 대군'이 아님니다. 말 그대로 100만 명이 넘는 장정들이, 그것도 모두가 전투에 직접 참여하는 정예 병력이 소리 높여 군가를 부르며 고구려를 향해 나아갔던 것입니다. 이렇게 많은 병력이 움직인 것은 세계사를 통틀어 제1차 세계대전 이전에는 더 이상 없었다고 합니다.

백만 대군, 정확히 113만 3800명으로 전해지는 이 엄청난 대군은 도대체 어떤 규모였을까요? 이 정도 군인들이 대오를 갖추어 늘어서면 그 길이는 무려 400킬로미터 가까이 된다고 합니다. 서울에서 부산까지 나 있는 경부고속도로를 군인들이 꽉 메우고 행진하는 모습을 상상해 보십시오. 이 대열의 맨 끝에 있는 군사들이 맨 앞에 서 있는 군사들 자리에 도달하는 데 걸리는 시간은 얼마나 될까요? 무려 40일이라고 합니다.

'에이, 그럴 리가!' 하고 생각하는 독자도 있을 겁니다. 그러나 한 번 따져 봅시다. 행렬의 처음과 끝의 거리가 거의 400킬로미터에 이른다고 했습니다. 보통 사람들이 이 군인들처럼 무거운 무기와 장비를 들지 않고 걸을 때 한 시간이면 4킬로미터 정도 갑니다. 똑같은 속도로 쉬지 않고 걷는다고 했을 때 400킬로미터면 100시간이라는 얘기입니다. 하루에 5시간씩 쉬는 날 없이 걸으면 20일이 걸리겠죠? 주말에는 쉰다고 하면 한 달 걸립니다. 그런데 지금 고구려로 쳐들어가는 수나라 군대는 진을 짜고 대오를 정연하게 지키며 행군하

서울

100만 대군

400km

부산

경부고속도로

는 군인들입니다. 무거
운 깃발을 든 군사도 있고
창과 칼, 장비도 짊어졌습니다.
그러니 400킬로미터 가까운 거리
를 40일에 도달한다 해도 엄청나게 빠른 속도인 셈입니다.

　이렇게 무시무시한 백만 대군이 고구려의 요동성을 향해 다가오고 있었습니다. 그들은 소리 높여 군가를 부르고 발을 굴렀을 것입니다. 그들이 지나가는 곳에서는 지진이 일어나는 듯한 굉음이 울려 퍼졌을 것입니다. 더구나 그런 엄청난 군대가 나를 죽이러 오는 저승사자라고 생각해 보십시오. 요동성을 지키는 고구려 군사들은 세상이 무너질 듯한 행군 소리에 지레 겁을 먹고 오줌을 지리지 않았을까요?

　하지만 고구려의 전사들은 조금도 흔들리지 않고 성안에 도사리고 있었습니다. 쓰나미가 몰려오는데 도망가지 않고 집을 지키는 사람들 같았습니다. 마치 전쟁을 위해 태어난 것 같은 이 무서운 전사들이 정말 우리 조상이 맞을까요? 자랑스러우면서도 무섭습니다.

육군과 수군이 모두 맥을 추지 못하다

|

드디어 요동성^{지금의 랴오닝 성 랴오양}에 도착한 수나라 백만 대군은 성을 겹겹이 에워쌌습니다. 몸소 원정군을 이끌고 온 수양제는 한 줌도 안 되어 보이는 요동성 앞에서 코웃음을 쳤습니다. 어서 요동성을 무너뜨리고 고구려의 수도인 평양에 쳐들어가 그곳에서 기분 좋게 술 한 잔 할 생각에 들떠 있었습니다.

수나라 군대는 요동성을 향해 화살과 포탄을 비 오듯 날려 보냈습니다. 문을 굳게 닫고 저항하는 성을 공격할 때는 우선 이렇게 화살과 포탄만 쉬지 않고 쏘아 댑니다. 그래야

◇ 옛 요동성 터
고구려의 요동성은
토성이었으나 그 자리에
후금이 세운 동경성은 이와
같은 석성이다.

성의 어느 부분이 약한지 알 수 있고 그쪽으로 공격을 집중할 수 있기 때문입니다. 영화나 드라마를 보면 덮어놓고 군사들을 돌격시켜 성벽을 오르게 하는데, 그렇게 했다가는 군사들만 개죽음시킬 뿐 절대로 성을 함락시킬 수 없습니다. 성을 지키는 군사들은 뜨거운 물과 기름, 화살과 돌 등으로 무장하고 있어서 성벽을 기어오르는 적군 따위는 쉽게 제압할 수 있기 때문입니다.

할리우드 영화 〈300〉은 페르시아 대군을 맞아 테르모필레 협곡에서 결사 항전을 벌이는 스파르타 군사들의 이야기입니다. 이 영화에는 페르시아 군이 쏘는 화살들이 하늘을 새까맣게 뒤덮는 장면이 나옵니다. 수나라 군대가 요동성에 퍼붓는 화살과 포탄이 그러했습니다. 세상을 깜깜하게 만들어 버린 화살과 포탄 세례가 요동성 안 곳곳에 무자비하게 빗발쳤을 것입니다.

이렇게 무시무시한 포격에 뒤이은 대군의 끊임없는 성벽 공략에도 불구하고 요동성은 무너지지 않았습니다. 백만 대군이 교대로 돌아가며 쉴 새 없이 두드렸지만 성벽은 요지부동이었습니다. 양제는 점점 초조해졌습니다. 그러는 동안에도 산동성에서 배를 타고 출발한 수나라 수군은 바다를 건너 평양성이 있는 대동강으로 다가가고 있었기 때문입니다.

양제는 원정을 떠나면서 수군과 육군이 동시에 진군하는 수륙 병진 작전을 펼쳤습니다. 육군은 요동성을 깨뜨린 뒤 평양성으로 진군하고, 수군은 황해를 건너 대동강에 진입하는 작전입니다. 그런 다음 수군과 육군은 평양에서 만나 함께 평양성을 공격하자는 것이었습니다. 그런데 육군이 요동성에서 발목이 잡혀 있으면 수군이 대동강에서 너무 오래 기다려야 하는 상황이 될 수 있는 것입니다.

양제는 하는 수 없이 전략을 새로 짰습니다. 요동성은 계속 공격하되 별동대를 꾸려 평양으로 직행하도록 한다는 작전이었습니다. 별동대라는 것은 그야말로 따로 움직이는 특공대를 의미합니다. 우리는 영화에서 보통 몇 십 명이나 몇

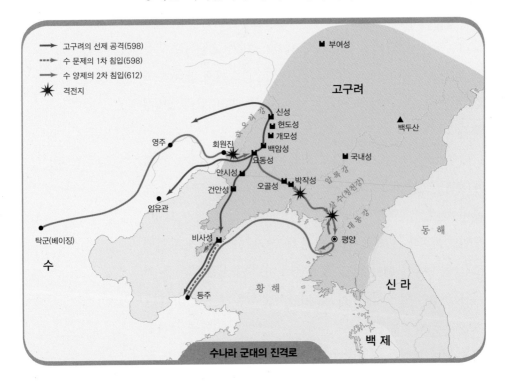

수나라 군대의 진격로

백 명 규모로 기동성 있게 움직이는 특공대를 많이 보았습니다. 그런데 백만 대군을 거느린 양제는 스케일이 달랐습니다. 별동대로 꾸린 군사들이 무려 30만 명이었습니다. 우중문, 우문술 등이 각각 나누어 거느린 별동대는 여러 경로로 요동성을 돌아서 나아갔습니다. 그리고 압록강 서쪽에서 하나로 합쳤습니다.

그렇다면 내호아가 이끄는 수나라 수군은 뭘 하고 있었을까요? 유유히 황해를 가로질러 대동강에 들어간 수나라 수군은 고구려 군대와 만나 크게 이겼습니다. 그러자 내호아는 기세를 몰아 평양성으로 쳐들어가려 했습니다. 부사령관 주법상이 육군을 기다리자고 말렸지만 내호아는 듣지 않았습니다. 그는 수만 명의 정예 군사를 선발해 평양성으로 진격했습니다.

당시 평양성을 지키는 수비대의 책임자는 고구려 태제인 고건무였습니다. 그는 군사를 내려보내 내호아 군대와 싸우게 했지만, 얼마 싸워 보지도 못하고 패해서 성안으로 도망쳤습니다. 고구려군을 우습게 여긴 내호아는 성안으로 따라 들어가 백성을 사로잡고 재물을 약탈했습니다. 그러나 이것은 고도로 계산된 고건무의 작전이었습니다. 평양성은 외성과 내성 등 여러 겹의 성벽으로 이루어진 단단한 성이었습니다. 고건무는 외성에 있는 빈 절에 군사들을 숨겨 두고 있었습니다. 이 군사들은 수나라 군대가 약탈하느라 정신없는 틈을 타 절을 뛰쳐나와 기습 공격을 감행했습니다. 수만 명의 수나라 정예군 가운데 살아남은 자는 수천 명에 불과했습니다. 간신히 포로 신세를 면한 내호아는 겨우 목숨만 건져 줄 행랑을 쳤습니다. 그는 남은 군사를 이끌고 바닷가로 돌아가서 꼼짝하지 않았습니다.

요동성은 틈을 보이지 않고, 평양성에서는 수군이 추풍낙엽처럼 나가떨어지고……. 이제 수나라 원정군에게 남은 희망은 곧 압록강을 건너게 될 30만 명의 별동대뿐이었습니다. 압록강 건너편에서 그들을 기다리고 있는 것은 을지문덕이 이끄는 고구려의 정예군이었습니다.

○ **평양성의 영명사**
평양성 부벽루 서쪽 기린굴 위쪽에 자리 잡고 있는 절. 동명성왕의 이궁이었다는 설과 광개토대왕이 창건했다는 설이 전한다.

살수를 피로 물들인 거대한 전투

|

우중문과 우문술이 이끄는 수나라 별동대는 무거운 갑옷을 입고 100일분의 식량과 온갖 무기를 짊어진 채 강행군을 벌였습니다. 우문술은 "도중에 식량을 버리는 자는 목을 베겠다!"라고 엄포를 놓았지만, 병사들은 무거운 짐을 감당하지 못해 장막 밑에 구덩이를 파고 식량을 묻었습니다. 그래서 압록강을 건너기도 전에 군량은 거의 떨어져 버렸습니다.

바로 그때 고구려의 왕이 보낸 대신大臣이 수나라 별동대 군영을 찾았습니다. 그의 이름은 을지문덕이었습니다. 그는 수나라가 군사를 돌리면 항복하겠다는 영양왕의 뜻을 전달했습니다. 그러면서 수나라 군사들의 동태를 유심히 살폈지요. 무거운 짐을 지고 행군하느라 군사들은 지쳐 보였고 군량마저 부족해 사기는 땅에 떨어져 있었습니다.

그때 우중문은 고구려왕이나 을지문덕이 찾아오면 반드시 사로잡으라는 양제의 비밀 명령을 받아 두고 있었습니다. 그래서 을지문덕을 체포하려 했는데, 별동대를 따라왔던 수나라 재상 유사룡이 이를 말렸습니다. 항복하러 온 적의 장수를 잡는 것은 도리가 아니라는 뜻에서였을 겁니다. 우중문은 마음이 약해져 을지문덕을 돌려보냈습니다.

하지만 우중문은 바로 후회하고 돌아가는 을지문덕에게 사람을 보내 말을 전하게 했습니다.

"다시 하고 싶은 말이 있으면 돌아와도 좋소."

그러나 을지문덕은 수나라 군영을 찾은 목적을 이미 달성한 뒤였습니다. 그는 진짜 항복하겠다는 뜻을 전하려던 것이 아니라 적의 사정을 염탐하기 위해 그곳에 갔던 것이었습니다. 그래서 뒤도 돌아보지 않고 압록강을 건넜습니다.

항복하겠다는 말은 받았지만 을지문덕을 돌려보낸 우중문과 우문술은 몹시 불안했습니다. 이미 식량이 다 떨어졌기 때문에 우문술은 군대를 돌리려 했습니다. 하지만 우중문은 우문술을 꾸짖고 여러 장수들이 힘을 모아 을지문덕을 쫓을 것을 요구했습니다. 양제의 신임을 받고 있던 우중문의 말을 거부할 수 없었던 우문술과 여러 장수는 하는 수 없이 압록강을 건너 평양성으로 진격하기 시작했습니다.

적의 상태를 이미 다 파악한 을지문덕은 무리하게 수나라 군대와 맞서는 대신 그들의 힘을 빼는 전술을 썼습니다. 하루 동안 일곱 번 맞서 싸워 일곱 번 모두 패하고 도망친 것입니다. 군량이 다 떨어져 가던 수나라 군대이건만 연이은 전투에서 승리하다 보니 저절로 사기가 올라갔습니다. 우중문과 우문술은 이들을 지휘해 살수_{지금의 청천강}를 건너 평양성 30리 밖까지 진출했습니다. 하지만 견고한 평양성을 쳐서 무너뜨릴 힘은 남아 있지 않았습니다.

바로 그때 평양성으로 들어가 있던 을지문덕이 적진에 사람을 보냈습니다. 그의 손에는 수나라 장수 우중문에게

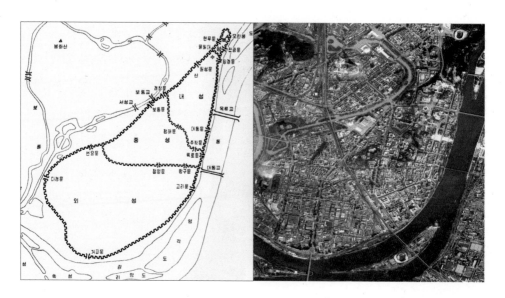

◆ 하늘에서 본 평양성
안학궁에 이어 고구려가 평양에
건설한 두 번째 도성으로
둘레 약 23킬로미터에 이른다.
내성, 외성 등 네 겹의 성과
문 터, 건물 터 등이 남아 있다.

보내는 오언시^{五言詩}가 들려 있었습니다. 오언시는 한 줄이
다섯 글자로 되어 있는 한시^{漢詩}를 말합니다. 그 내용은 다
음과 같습니다.

神策究天文(신책구천문)

妙算窮地理(묘산궁지리)

戰勝功旣高(전승공기고)

知足願云止(지족원운지)

신기한 책략은 하늘의 이치에 닿았고

오묘한 계산은 땅의 이치에 닿았노라.

싸움에 이겨 공이 이미 높으니

만족함을 알고 그만두기를 바라노라.

정말 멋진 문장입니다. 우중문을 한껏 높이는 말 같지만 사실은 조롱하는 뜻이 품격 있는 싯구 속에 담겨 있습니다. 을지문덕이 고구려의 대신답게 싸움만 잘하는 것이 아니라 한문 지식과 문장력도 빼어났다는 것을 알 수 있습니다.

을지문덕이 보낸 사람은 이 시와 함께 다음과 같은 말도 전했습니다.

"만약 군사를 거두어 돌아간다면, 임금을 모시고 황제가 계신 곳으로 가서 예방하겠습니다."

우중문과 우문술은 을지문덕이 정말 항복하려는 것이 아님을 너무나도 잘 알고 있었습니다. 하지만 식량은 떨어지고

군사들은 지칠 대로 지친 마당에 철옹성 같은 평양성을 공격해 무너뜨리기는 쉽지 않은 일이었죠. 그래서 그들은 을지문덕의 '항복 문서'를 전리품 삼아 황제가 기다리는 요동성 부근으로 후퇴할 수밖에 없었습니다.

30만 명에 이르는 별동대는 여러 부대로 나뉘어 각각 군사들을 사각형 모양으로 진을 치게 해 행군했습니다. 이렇게 사각형 모양으로 치는 진을 방진方陣이라고 합니다. 항상 사방을 경계하며 나아가기 위해서였죠. 물론 침략군을 고이 돌려보내 줄 고구려가 아니었습니다. 을지문덕은 군사들을 풀어 사방에서 수나라 군대를 공격하게 했습니다. 수나

◎ 고구려군의 대행렬
평양의 고분인 안악 3호분에 그려진 대형 벽화. 의장을 갖춘 문무백관을 여러 종류의 무사들이 호위하며 앞으로 나아가고 있어 고구려군의 편제를 짐작하게 해 준다.

라 군대는 한편으로 싸우며 한편으로 행군을 거듭하느라 초주검이 다 되었습니다.

이렇게 고구려군의 괴롭힘을 받으며 수나라 군대는 살수에 이르렀습니다. 그들은 진영을 흐트러뜨리지 않고 질서정연하게 강을 건너기 시작했습니다. 수나라 군사들이 강을 절반쯤 건너고 있을 때 고구려군은 총공세를 펼쳤습니다. 수나라 별동대의 후방을 지키고 있던 장수 신세웅은 고구려군과 용맹하게 맞서 싸우다 죽었습니다. 그러자 지금까지 탄탄했던 수나라 군사들의 진영은 일거에 흐트러지고 장수와 군사들이 서로 살겠다고 허겁지겁 강을 건너려다 뒤엉키면서 대혼란이 일어났습니다. 고구려군은 조금의 자비도 베풀지 않고 닥치는 대로 침략자의 군대를 공격했습니다.

압록강을 건너온 수나라 별동대는 30만 명이 넘었지만 대부분이 살수에서 비참한 죽음을 맞고 2700명만 겨우 목숨을 부지해 달아났습니다. 그들은 걸음아 날 살려라 하면서 죽자고 뛰어 청천강부터 압록강까지 200킬로미터 가까이 되는 길을 하루 만에 행군했답니다.

이제나 저제나 하며 별동대의 승전보를 기다리고 있던 양제는 군사와 무기를 다 잃고 초라한 모습으로 돌아온 우문술에게 크게 화가 났습니다. 그런 상황에서는 요동성을 무너뜨리고 다시 한번 평양으로 진군하는 것은 불가능했습니다. 양제는 하는 수 없이 우문술을 비롯한 패장敗將들을 쇠

사슬로 묶고 수나라로 돌아갔습니다. 인류 역사에서 좀처럼 찾아보기 어려운 백만 대군의 침략을 보기 좋게 물리친 을지문덕과 고구려군의 용기는 영원히 찬란하게 빛날 것입니다.

⊙ **압록강**
백두산 천지 부근에서 발원해 북한과 중국의 국경을 이루는 국제 하천. 우리나라에서 가장 긴 강으로, 길이는 803.3킬로미터, 유역 면적은 3만 1226제곱킬로미터에 이른다.

04

고구려와 당 태종의 전쟁

달려라 안시성 용사들!

고구려의 용사들이 수 양제의 백만 대군을 꼼짝 못하게 만든 요동성에서 남서쪽으로 랴오둥 반도를 향해 60킬로미터 정도 달립니다. 안산 시라는 곳을 지나 허물어진 산성 하나가 나옵니다. 잉청쯔 촌이라는 마을에 덩그러니 솟아 있는 이 토성의 옛 이름에 대해서는 여러 설이 있지만, 안시성이라는 이야기가 많습니다.

안시성은 요동성과 더불어 고구려 용사들의 기백을 잘 보여 주는 유적으로 남아 있습니다. 수 양제가 꼼짝 없이 당하고 백만 대군을 돌린 지 33년 만인 645년, 이번에는 중국 역사상 가장 위대한 황제로 꼽히는 당 태종이 십만 대군을 이끌고 이곳으로 향했습니다. 당 태종은 수 양제에 비해 10분의 1도 안 되는 군사들을 이끌고 어렵지 않게 요동성을 허물어뜨렸습니다. 그리고 지금 보무도 당당하게 안시성으로 향하고 있는 것입니다.

✿ **랴오닝 성 하이청 시의 안시성 터**

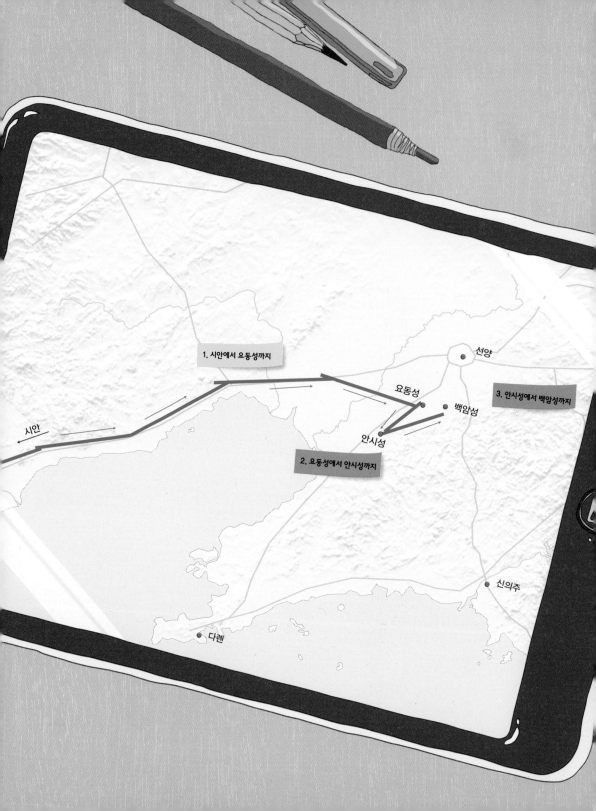

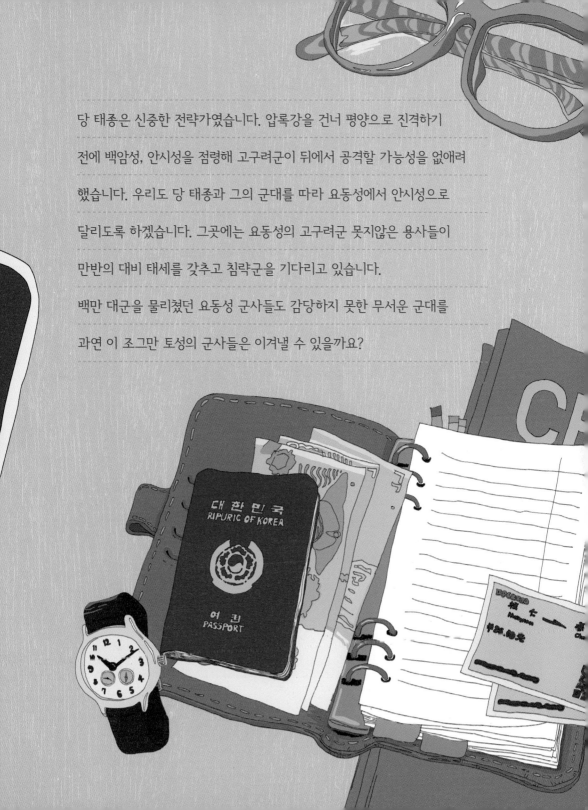

당 태종은 신중한 전략가였습니다. 압록강을 건너 평양으로 진격하기

전에 백암성, 안시성을 점령해 고구려군이 뒤에서 공격할 가능성을 없애려

했습니다. 우리도 당 태종과 그의 군대를 따라 요동성에서 안시성으로

달리도록 하겠습니다. 그곳에는 요동성의 고구려군 못지않은 용사들이

만반의 대비 태세를 갖추고 침략군을 기다리고 있습니다.

백만 대군을 물리쳤던 요동성 군사들도 감당하지 못한 무서운 군대를

과연 이 조그만 토성의 군사들은 이겨낼 수 있을까요?

바람 앞의 등불 같은 안시성

중국에서 수나라가 망하고 당나라가 들어서자 고구려 국경에는 평화가 찾아왔습니다. 그러나 당나라의 2대 황제인 태종은 중국 대륙을 완전히 평정한 다음 서서히 주변 지역으로 세력을 넓혀 갔습니다. 고구려도 당의 침략을 내다보고 당나라와의 국경에 무려 16년에 걸쳐 천리장성을 쌓았습니다.

그러던 642년 당나라에 대해 강경한 태도를 가지고 있던 연개소문이 정변을 일으켜 정권을 잡았습니다. 당시 고구려 왕은 영류왕이었습니다. 수나라가 쳐들어왔을 때 적의 수군

○ 백암성

고구려의 산성 가운데 옛 모습을 보존하고 있는 유일한 성. 요동성을 함락한 당 태종이 공격해 오자 성주 손대음이 항복해 성을 내 주었다. 이후 당 태종은 안시성을 공격한다.

을 평양성 안으로 끌어들여 몰살시킨 태자 고건무가 바로 이 영류왕입니다.

당시 고구려는 수나라와 벌인 오랜 전쟁 때문에 지쳐 있었습니다. 수나라 양제는 612년에 요동성과 살수에서 크게 당한 뒤로도 몇 차례 더 고구려를 침략했다가 그때마다 격퇴당했거든요. 그래서 고구려 귀족 중에는 당나라와 어떻게든 화친을 꾀해야 한다고 생각하는 사람들이 많았습니다. 반면 연개소문은 당나라에 강경하게 맞서야 한다고 주장하는 쪽이었죠. 그래서 당나라와 갈등이 불거졌을 때 영류왕은 연개소문을 천리장성 공사의 책임자로 보냈습니다. 귀족들 중 일부가 연개소문을 없애기 위해 모의했습니다. 이를 눈치챈 연개소문은 먼저 손을 써서 잔치를 베푸는 척하고 귀족 180여 명을 죽였습니다. 거기서 그치지 않고 영류왕까지 죽이고 보장왕을 후계자로 세운 뒤 이전에 없던 절대 권력자인 대막리지가 되었습니다.

당시 백제와 어려운 싸움을 벌이던 신라는 김춘추^{훗날의 태종무열왕}를 고구려에 보내 구원을 요청했으나, 연개소문은 오히려 김춘추를 감금하고 신라와 당나라의 교통로인 당항성을 점령했습니다. 당 태종은 연개소문에게 신라와 화해하라고 요구하는 사신을 보냈으나 연개소문은 이를 거부하고 도리어 사신을 구속했습니다. 태종은 이를 빌미로 10만 대군을 일으켜 고구려 정벌에 나섰습니다.

❍ 태종무열왕릉
경상북도 경주시 서악동에
있는 능. 높이 약 13미터.
사적 제20호. 혈식석실분으로
짐작되는 왕릉은 주위에
자연석으로 된 호석을 돌렸다.

안시성 성주는 연개소문과 사이가
좋지 않았습니다. 연개소문이 정변을
일으키기 전까지 고구려는 여러 귀족
이 연합해 다스리는 나라였습니다. 물
론 안시성 성주도 귀족이었습니다. 그
런데 연개소문은 그런 귀족 연합 정권
을 깨 버리고 자신에게 권력이 집중되
는 체제를 만들었습니다. 그리고 각 지
방의 귀족들에게 자신의 권력을 인정하라고 요구했지만 안
시성 성주는 그 요구를 거부했습니다.

게다가 당나라는 연개소문이 정변을 일으킨 것을 문제 삼
아 쳐들어왔습니다. 안시성 사람들은 이래저래 연개소문이
원망스러웠을지도 모릅니다. 성주가 연개소문을 미워했다면
그냥 못 이기는 체 당나라에 항복하고 연개소문을 칠 수도
있었을 것입니다. 그러나 국내 문제는 국내 문제이고 외적과
는 단호히 연합전선을 편 것입니다.

당 태종은 중국인이 한나라 무제, 청나라 건륭제와 더불어
중국 역사상 가장 위대한 세 명의 황제 가운데 한 명으로 꼽
는 인물입니다. 그는 아버지 고조를 도와 수나라를 무너뜨리
고 당나라를 세우는 데 큰 공을 세웠습니다. 그러나 고조의
뒤를 이을 후계자 자리는 그가 아니라 맏형인 이건성에게 돌
아갔습니다. 이건성은 동생인 태종이 자기보다 더 힘이 세고

많은 사람의 지지를 받고 있는 데 두려움을 느껴 다른 동생과 함께 태종을 공격했습니다. 하지만 이를 예상하고 있던 태종도 역공을 가해 형을 죽이고 아버지의 양위를 받아 황제의 자리에 올랐습니다.

태종은 이처럼 형제를 죽이고 아버지를 밀어내는 정변을 통해 황제 자리에 올랐지만, 역대의 어떤 황제보다 더 뛰어난 정치를 했습니다. 그는 안으로는 '정관의 치'라는 멋진 정치를 하고 밖으로 강력한 유목민 국가인 돌궐을 비롯해 수많은 이민족을 제압했습니다. '정관貞觀'이라는 것은 태종이 황제 자리에 있는 동안 해를 세던 연호였습니다.

정관의 치를 통해 당나라는 중국 역사상 가장 부강한 왕조 가운데 하나가 되었습니다. 당나라의 수도 장안은 세계의 수도가 되어 비단길을 따라 들어온 세계 여러 나라의 사람과 문물이 거리에 흘러넘쳤지요.

수나라를 무너뜨리고 주변 국가들을 정벌하는 과정에서 당나라 군대는 세계에서 가장 강한 군대의 모습을 갖추게 되었습니다. 타고난 전략가인 태종은 기병과 말의 무장을 가볍게 해서 북방 유목민과 싸울 때에도 뒤지지 않는 기동력을 갖추게

○ **당 태종**
당나라 2대 황제(재위 626~649). 이름은 이세민(李世民)으로 초대 황제 고조의 둘째 아들. 중국 역사상 가장 위대한 황제로 꼽힌다.

○ 당나라 병사
무거운 갑옷을 입은 수나라
병사에 비해 가죽으로 만든
가벼운 갑옷을 입고 기동성을
높였다.

되었습니다. '신속한 돌격과 악착같은 추격'을 특징으로 하는 당나라 군대는 거침없이 동아시아를 평정해 갔습니다. 이제 남은 것은 수나라를 멸망에 이르게 했던 요동의 강자 고구려였습니다. 그리하여 고구려는 세계 최강의 군대와 운명을 가름하는 결전을 앞두게 되었던 것입니다.

당 태종이 몸소 이끄는 당나라 주력 군대가 요동에 도착한 것은 음력 5월 1일. 그로부터 보름 남짓 만에 수나라 백만 대군도 포기했던 요동성을 무너뜨렸습니다. 한창 지략이 뛰어날 나이인 마흔다섯의 당 태종은 확실히 수 양제보다 한 수 위의 인물인 것 같았습니다. 그런데 이상한 것이 있습니다. 수나라는 요동성을 점령하지 못하자 바로 평양성으로 별동대를 보냈습니다. 그런데 당나라는 요동성까지 무너뜨리고도 왜 평양으로 바로 가지 않고 안시성에 머물러 있는 것일까요?

그것은 전쟁의 흐름을 꿰뚫는 당 태종의 전략적인 계산 때문이었습니다. 수나라 군대가 고구려 원정에서 실패한 가장 큰 이유는 식량 보급이 제대로 되지 못했기 때문입니다. 요동성을 무너뜨렸다고 해서 바로 평양으로 진군하면 안시성에 버티고 있는 고구려군이 그 당나라 군대를 가만히 놔둘 리가 없습니다. 당나라 군대와 정면으로 맞붙지는 않더라도 당나라 군대로 가는 식량 보급 부대는 계속 공격해서 전투 부대에 식량이 제대로 공급되는 것을 방해할 것입니다.

고구려 장군의 야전 막사

평안남도 용강군의 고구려 고분인 쌍영총에 그려진 주인 부부의 생전 모습. 부부를 둘러싼 기둥과 장막은 무덤 주인이 전쟁터에 나갔을 때 머물던 야전 막사를 형상화한 것이라는 설도 있다.

그래서 당나라는 아예 안시성까지 무너뜨려 놓고 편안하게 평양을 차지하러 가겠다고 판단한 것입니다.

당 태종이 안시성 공격에 나섰다는 소식이 들리자 평양에 있던 권력자 연개소문은 말갈족 병사들이 포함된 15만 명의 대군을 급히 모아 응원군으로 파견했습니다. 말갈족은 훗날 금나라와 청나라를 세운 여진족을 가리킵니다. 말갈족 일부는 고구려의 지배를 받았고, 고구려가 멸망한 뒤에는 고구려 유민과 함께 발해를 세우게 됩니다.

연개소문이 보낸 대규모 지원군은 안시성 밖에 있는 주필산이라는 산 부근에서 당나라 군대와 정면 대결을 벌였습니다. 이 전투는 고구려의 운명을 판가름할 수도 있는 중요한 싸움이었죠. 그러나 안타깝게도 15만 고구려군은 당 태종의 지략에 말려 패하고 말았습니다.

그때 당나라군에서는 설인귀와 설계두라는 특별한 이력을 가진 장수들이 맹활약했습니다. 설인귀는 신분 상승의 꿈을 품고 참전한 평민 출신이었지요. 당 태종이 고구려 원정을 발표하면서 지원병을 모을 때 설인귀는 부친상을 당했기 때문에 출전하기 어려웠습니다. 그런데 부인이 이번 기회에 한번 출세해 보라면서 그의 등을 떠밀었다고 합니다. 한편 설계두는 야망을 품고 황해를 건너 당나라로 갔던 신라 사람이었습니다. 설인귀는 주필산 전투에서 큰 공을 세운 뒤 승승장구하다가 마침내 귀족으로 신분 상승을 이루었습니다. 그러나 설계두는 이 전투에서 목숨을 잃고 말았습니다.

주필산 전투에서 패한 고구려 지원군은 부근 산 속으로 도망갔다가 당나라군에게 항복하고 말았습니다. 태종은 고구려 지휘관들을 모조리 당나라로 보내고, 고구려에 협력한 말갈 군사 3300명은 생매장해 버렸습니다. 이 일로 말미암아 안시성은 바람 앞의 등불 같은 신세에 놓이게 되었습니다.

○ **설인귀비**
경기도 파주 감악산 정상에 서 있는 삼국 시대의 비. 이 산에 설인귀를 모신 사당인 감악사가 있었으므로 이 비를 설인귀비라고도 한다.

아, 안시성

안시성은 요동 지역의 고구려 성 가운데 비교적 작은 규모의 성이었습니다. 다른 고구려 성이 대개 돌로 쌓은 성이었으나, 안시성은 흙을 다져 쌓은 토성이었습니다. 당나라 군대가 요동성을 깨뜨리고 이 작은 성 앞에 다다랐을 때는 전쟁이 다

끝났다고 생각했을지도 모릅니다. 그러나 안시성 군사들은 세계 최강 군대의 발목을 묶었고, 날씨는 날로 추워졌습니다.

당 태종은 항복하면 살려 주고 저항하면 모든 남자를 죽이겠다고 심리전을 펼쳤습니다. 그러나 안시성 사람들은 끄떡도 하지 않았습니다. 당나라 군대는 하루에도 예닐곱 번씩 성을 공격했습니다. 당 태종이 얼마나 대단한 전략가이자 타고난 군인인지를 알려주는 사례가 있습니다. 어느 날 당 태종은 안시

안시성 전투 세부도

성 주변을 돌아보고 있었습니다. 그때 성안에서 닭과 돼지의 비명 소리가 새어나왔습니다. 그 소리를 듣자마자 태종은 당나라 군사들에게 전투 준비를 하라고 지시했습니다.

"성안에서 가축의 울음소리가 들리는 것을 보니 군사들을 배불리 먹이려나 보다. 그렇다면 필시 오늘 밤에 고구려군이 든든하게 배를 채우고 우리 편을 기습 공격하러 나올 것이 틀림없다. 우리는 이를 역이용해서 놈들을 친다!"

과연 당 태종의 예상대로 그날 밤 고구려군은 특공대를 편성해서 당나라 진영을 공격하기 위해 몰래 성문을 나섰습

니다. 그러나 미리 군대를 매복시켜 둔 당 태종의 지략 때문에 고구려의 특공대는 몰살을 당하고 말았습니다.

이처럼 무서운 당 태종을 상대로 안시성 성주와 군사들은 일치단결해서 그를 물리쳤습니다. 그들은 성안에 있는 가족들을 다 합쳐도 당나라 전투 병력과 같은 10만 명밖에 안 되었습니다. 그런데도 이처럼 악착같이 성을 지킬 수 있었던 것은 성안에 가족과 집이 있는 군사들이 많아서 아예 도망칠 생각을 하지 않았기 때문이라고 합니다.

당나라 군대가 성벽을 공격할 때는 신형 투석기를 달아맨 포차가 선제 포격을 가합니다. 포차는 바퀴를 달고 있어서 옮겨 다니며 돌을 쏠 수 있었고, 투석기는 거대한 돌을 450미터나 떨어진 곳까지 날려 보낼 수 있었습니다. 고구려가 자랑하는 활인 맥궁이 한껏 화살을 날려 보낼 때의 거리가

○ **성을 공격하는 무기들**
성을 향해 돌을 날리는 투석기를 달아맨 포차(왼쪽), 공성퇴를 달고 전진하는 충차(가운데), 성벽 위로 군사를 올려 보내기 위한 사다리차.

360미터 정도라고 하니 그 위력을 짐작할 수 있습니다. 당나라는 수나라가 고구려를 침공했을 때 포차가 제 기능을 하지 못했다는 것을 알고 이처럼 강력한 투석기를 개발한 것입니다.

일단 공격이 시작되면 한 줄로 수백 대의 포차가 늘어서서 성을 향해 돌 세례를 퍼붓곤 했습니다. 그러면 성벽에서 화살을 쏘며 저항하는 수비군이 꼼짝할 수가 없었습니다. 바로 이런 위력 때문에 수나라 백만 대군을 물리친 요동성이 당나라 십만 군대를 견디지 못하고 무너졌던 것입니다.

포차가 포격을 퍼붓는 동안 충차가 전진합니다. 충차는 날카로운 쇠를 씌운 통나무를 달고 성문으로 돌진하는 무기입니다. 이런 통나무를 공성퇴라고 하는데, 충차 안에 군사들이 들어가 공성퇴를 함께 들고 앞으로 나아가는 것입니다. 당나라의 충차는 나무로 사방을 막았습니다. 나무라면 성 위에서 쏘아대는 돌이나 불화살에 쉽게 부서지고 타 버리지 않았을까요? 그렇지 않습니다. 나무는 탄력이 있어서 돌에 강할 뿐 아니라 두 겹으로 만들었기 때문에 쉽게 부서지지도 않았습니다. 게다가 세모꼴로 만들었기 때문에 그 위로 돌이 떨어져도 미끄러져 내리곤 했습니다. 또 생나무로 만들어 쉽게 불이 붙지 않는데다 일단 불이 붙으면 소화기를 미리 준비했다가 꺼 버리곤 했지요.

충차가 성벽 아래로 돌진하는 동안 성벽 위로는 사다리차가 달려갑니다. 사다리를 성벽 위에 올리면 선발된 용사들이 타고 올라가 수비대와 육박전을 벌이는 겁니다. 사다리 밑이나 중간에는 방을 만들어 놓기도 했는데, 그 속에는 궁수가 들어가서 성을 향해 화살을 날려 보냈습니다.

사다리차에서 더 발전한 장비가 공성탑입니다. 이 장비는 거대한 망루처럼 생겨서 누차라고도 불렸습니다. 사다리차의 앞과 좌우에 두꺼운 나무판을 대고 적의 불화살 공격을 막아내기 위해 소가죽을 덧댄 장비였죠.

그런데 안시성뿐 아니라 옛날 성에는 방어를 위해 성벽 주변에 해자라고 불리는 큰 도랑을 파 놓게 마련입니다. 이 도랑을 건너야만 성벽을 공격할 수 있습니다. 그렇다면 방어하는 군사들이 쏘아대는 화살과 돌과 뜨거운 쇳물 속에서 어떻게 해자를 건널 수 있었을까요? 당나라는 세계 최고의 토목 기술을 가지고 있었습니다. 그들은 호교라는 조립식 다리를 매우 신속하게 놓아 강도 건너고 해자도 건널 수 있었습니다.

이렇게 무시무시한 장비로 무장한 당나라 군대가 끊임없이 밀려오는데도 고구려 군사들은 전혀 밀리지 않고 성을 지켜내었습니다. 돌과 쇳물을 떨어뜨려 충차를 부수고 무너진 성벽은 나무판이나 가죽 따위로 메우면서 무려 석 달을 버텼습니다.

이처럼 성을 방어하는 무기 가운데 대표적인 것이 쇠뇌와 불화살이었습니다. 또 엄청난 크기의 돌을 굴리기도 하고, 거대한 갈고리를 돌려 사다리차를 넘어뜨리기도 했습니다. 큰 갈고리를 빙빙 돌리다가 휙 던져 충차를 맞히면 그 자리에서 박살이 났고, 사다리차를 맞히면 기우뚱거리다가 쓰러져 부서지거나 다시는 일어나지 못했습니다. 쇠뇌는 기계 장치로 화살을 쏘아 보내는 무기로 활보다 훨씬 더 강력한 파괴력을 가지고 있었습니다.

성벽보다 더 높은 산을 쌓아라

아무리 때려도 안시성이 무너지지 않자 당 태종은 군사들을 동원해 성 바로 밖에 흙으로 산을 쌓게 했습니다. 두 달 동안 한편으로는 안시성을 공격하면서 한편으로는 토산을 쌓은 결과 안시성 성벽보다도 더 높은 인공 산이 모습을 드러냈습니다. 당 태종은 이 인공 산에서 안시성을 훤히 들여다보며 공격을 퍼부을 심산이었습니다.

　안시성의 용사들은 춥고 우중충한 날씨를 닮은 얼굴로 인공 산을 바라보고 있었습니다. 그때 성주가 군사들 앞에 나서서 연설을 했습니다.

　"우리 안시성은 석 달 동안 막강한 당나라 군대의 공격을 견뎌 왔소. 그런데 적군이 두 달이나 공을 들여 우리 성벽보다도 더 높은 토산을 쌓아 올렸으니 싸움은 이제부터요!"

○ **성을 방어하는 무기**
사다리차를 넘어뜨리는 갈고리(위), 화살을 강하고 정확하게 쏘아 보내는 쇠뇌.

끈질기게 적의 공격을 막아낸 안시성 사람들도 질기지만, 기어코 그 성을 무너뜨리려고 인공 산까지 쌓은 당나라군도 정말 질긴 사람들이었습니다. 비가 내리는 가운데 인공 산에는 당나라 지휘부가 속속 자리를 잡고, 성을 공격하는 장비들도 대대적으로 다시 배치되었습니다.

운명의 마지막 전투가 시작되었습니다. 당나라군은 성벽보다도 더 높은 산에서 성안을 훤히 들여다보며 공격을 퍼부었습니다. 안시성의 운명이 여기까지인가 보다고 생각할 무렵 어디에선가 지진이라도 난 것처럼 우르르 꽝 하는 소리가 들렸습니다. 그러면서 거대한 인공 산이 무너져 내리기 시작했습니다. 짧은 시간에 전투를 벌여 가며 짓다 보니 부실했던 인공 산이 쏟아져 내리는 비를 견디지 못하고 무너진 모양이었습니다.

인공 산은 안시성을 향해 무너져 내려 일순간에 성벽 한쪽을 덮쳤습니다. 인공 산과 성벽이 이어지자 당나라 군대는 힘들이지 않고 성안으로 돌진할 기회를 잡았습니다. 그런데 웬일인지 당나라 군대는 이 절호의 기회를 맞고도 서둘러 움직이지 않았습니다. 오히려 먼저 움직인 것은 안시성의 고구려 군사들이었습니다.

"결사대여, 나를 따르라!"

결사대를 조직해 놓고 있던 장수들이 성주의 명령에 따라 지체 없이 무너진 성벽을 넘어 인공 산으로 돌격했습니다. 인공 산에 진을 치고 있던 당나라 군대와 고구려 결사대 사이에 불꽃 튀는 싸움이 벌어졌으나, 죽기를 각오한 결사대의 기세 앞에 상대는 맥없이 무너졌습니다. 얼마 지나지 않아 무너진 인공 산은 고구려군의 손 안에 들어갔습니다.

당황한 당나라 군대는 서둘러 진영을 정비한 뒤 인공 산을 되찾기 위해 총공세를 펼쳤습니다. 고구려 군사들은 쇠뇌와 불화살과 돌을 있는 대로 쏟아부으며 저항했습니다. 아수라장 같은 전투가 빗속에서 끝을 모르고 벌어졌습니다. 이 전투는 사흘 밤 사흘 낮 계속된 끝에 고구려군의 승리로 끝났습니다. 날씨는 추워지고 식량은 바닥났습니다. 동아시아의 온갖 전장을 누비며 승리를 쟁취해 왔던 당 태종은 이런 현실을 인정하기 어려웠습니다. 그러나 아무리 생각해도 더이상 안시성을 공격하는 것은 무리였습니다.

◐ 당 태종 무덤인 소릉에 있는 인마상

당 태종은 후퇴를 결정하고 난 뒤 안시성 성주가 성을 잘 지켰다고 칭찬하면서 비단을 선물했다고 합니다. 훌륭한 적장에 대한 멋들어진 예의의 표시였습니다. 어쩌면 이렇게 돌아갈 테니 잘 봐 달라는 뜻이 담겨 있었을지도 모르겠습니다. 당나라 군대가 만주를 가로질러 돌아가는 길은 험난했습니다. 진흙에 빠진 수레바퀴를 끄집어내기 위해 당 태종 자신이 직접 힘을 써야 했을 만큼 비참한 퇴각이었습니다.

천신만고 끝에 장안으로 돌아간 태종은 시름시름 앓았습니다. 풍질이라는 병을 포함한 각종 질병을 앓던 태종은 정치를 태자에게 맡기고 치료에 전념했습니다. 그러나 천하의 당 태종도 결국 패전에서 얻은 병마를 이기지 못하고 4년 후 죽음을 맞이하고 말았습니다. 그는 태자와 신하들에게 요동 정벌을 그만두라는 유언을 남겼습니다. 요동이란 두말할 것도 없이 고구려를 가리키는 말이었지요.

하지만 고구려가 있는 한 동쪽 국경이 불안했던 당나라 조정은 태종의 유언을 지킬 수 없었습니다. 태종의 뒤를 이은 고종은 신라와 손을 잡고 백제와 고구려 정벌에 나섰습니다. 연개소문이 죽은 뒤 그 자식들 사이에 내분이 일어나는 바람에 고구려는 안으로부터 흔들리고 있었습니다. 그런 고구려의 평양성이 신라와 당나라의 연합군에 의해 무너진 것은 서기 668년의 일이었습니다. 동북아시아에서 독자적인 천하

● **당 태종의 육준**
당 태종이 아끼던 여섯 마리의 준마를 묘사한 부조 중 일부. 중국 시안의 비림박물관에 전시되어 있다.

를 이룩했던 고구려의 역사는 그렇게 끝을 맺고 말았습니다.

　이처럼 당 태종의 침략을 격퇴한 뒤 23년 만에 고구려는 막을 내렸지만, 성주를 중심으로 일치단결해 세계 최강의 군대를 물리친 안시성 용사들의 기개는 영원히 기억될 것입니다.

☀ 당 태종에게 칼을 던지는 연개소문
당나라 역사책에 연개소문은 늘 칼 다섯 자루를 가지고 다닌다고 기록되어 있다. 명나라 무덤에서 발견된 책에 실린 그림.

05

발해의 건국

달려라 대조영!

라오닝

위대한 고대 왕국 고구려는 서기 668년 나당연합
군의 공격을 받아 700년 사직을 잃었습니다. 보장
왕을 비롯한 고구려의 왕족과 귀족들은 당나라
군대의 포로가 되어 중국 곳곳에 끌려갔습니다.
그중 일부는 영주(營州, 지금의 랴오닝 성 차오양)
에 머물게 되었습니다. 그 옛날 광개토대왕에게 무
릎 꿇은 후연의 수도였던 곳이죠.

바로 이곳에서 고구려 유민들이 새로운 나라를 세
우기 위한 대장정을 시작했습니다. 그들은 당나라
군의 추격을 뿌리치며 1000킬로미터가 넘는 길을
동쪽으로 달렸습니다. 그들이 마침내 도달한 곳은
지린 성 둔화 시에 자리 잡은 동모산. 이곳에서 제
2의 고구려가 깃발을 높이 들었습니다. 우리도 홀
로 서기 위한 그들의 발길을 좇아 여행을 떠나 봅
시다.

✿ 발해의 요람 동모산

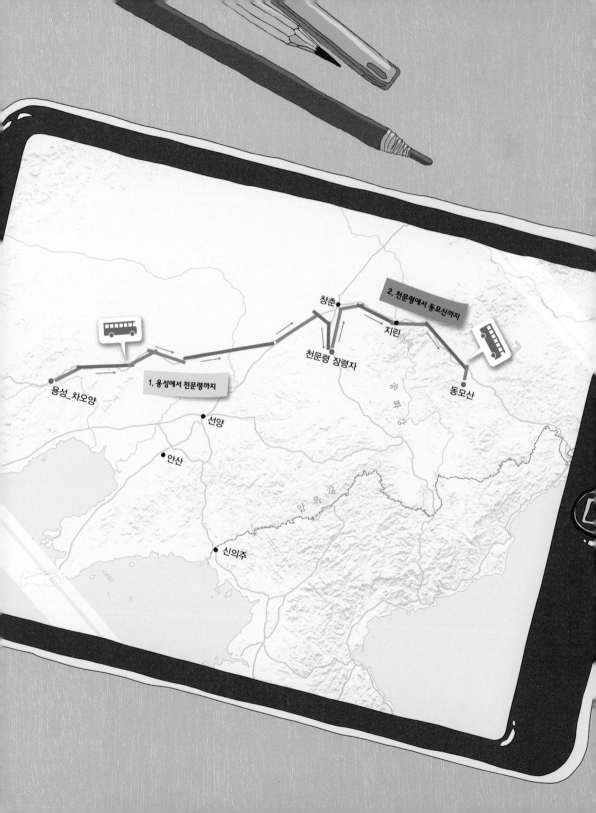

영주는 랴오허 강 서쪽인 요서에 있기 때문에 요동을 전통적인

강역으로 삼는 고구려에서는 영역 밖으로 치던 곳입니다. 고구려에서 중국을

가리키던 이른바 '서토(西土)'가 시작되는 곳이라고 볼 수 있지요.

이곳에서 우리의 발걸음은 시작됩니다. 그 옛날 고구려 유민을 이끌고

이 길을 떠난 장수의 이름은 대조영. 그는 불굴의 의지로 둔화에 도착해

새로운 나라를 세우고, 이 나라는 마침내 당나라로부터도 해동성국이라는

찬사를 받는 강대국으로 우뚝 서게 됩니다.

신라의 삼국 통일부터 발해의 건국까지

|

고구려가 망한 지 28년째 되는 서기 696년 고구려 유민들이 영주에서 봉기해 동쪽으로 이동하기 시작했습니다. 그들은 중국의 지배를 받으며 종으로 사는 것을 거부하고 요동을 호령하던 옛날 고구려 시절로 돌아가겠다며 먼 길을 떠난 것입니다. 당시 당나라는 무측천이 중국 최초의 여자 황제로 등극한 뒤 잠시 무주武周라는 이름으로 불리고 있었습니다. 무주의 군대는 고구려가 부활하는 것을 막기 위해 이들을 쫓았습니다.

영주로부터 동쪽으로 약 600킬로미터 떨어진 곳에 천문령天門嶺이라는 험한 고개가 있었습니다. 오늘날 지린 성의 성도省都인 창춘 시 남쪽에 자리 잡고 있었지요. 대조영大祚榮

○ 동모산에서 바라본 옛 발해 터
동모산은 오늘날 지린 성 옌볜 조선족자치주 둔화 시에 있는 청산쯔 산성으로 짐작된다. 그곳에서 내려다 본 평지성 터의 모습.

이 이끄는 고구려 유민은 이 고개에서 이해고^{李楷固}가 이끄는 무주의 추격군을 크게 물리치고 독립의 기틀을 마련합니다. 그리고 동쪽으로 약 400킬로미터를 더 이동해 동모산^{東牟山}이라는 곳에서 새로운 나라의 창건을 선포하지요. 당시 대진^{大震}이라 했던 이 나라가 바로 우리가 발해^{渤海}라고 알고 있는 위대한 왕국이었습니다.

발해를 세운 대조영은 영주에서 계속 살았다면 중국의 귀족으로 영달을 꾀할 수도 있었을 것입니다. 당나라의 장군이 되어 혁혁한 공을 세운 고선지^{高仙芝}도 고구려 유민의 자손이었으니까요. 그런데 왜 그는 고생을 자초하고 1000킬로미터에 이르는 대장정을 펼쳐야 했을까요? 이제부터 그 이유를 찾아 대조영과 함께 서쪽에서 동쪽으로 만주 벌판을 달려 보겠습니다.

수나라에 이어 중국을 통일한 당나라는 개방적인 제국을 건설해 나갔습니다. 외국인도 쉽게 제국의 관리가 될 수 있는 열린 체제로 중앙아시아로부터도 인재들을 끌어들였지요. 당나라의 장안지금의 산시 성 시안은 천하의 인재가 모이고, 동서의 모든 상품이 거쳐 가는 세계적인 도시가 되었습니다. 당나라 황제를 천하의 지배자로 받아들이지 않는 나라는 당나라의 침략을 받아야 했습니다. 645년부터 24년에 걸쳐 고구려가 당나라와 전쟁과 화의를 거듭한 것도 이런 까닭이었지요.

그때 백제와 고구려의 협공에 시달리던 신라는 당나라와 협력해 살길을 찾았습니다. 그 결과가 나당연합군, 즉 신라와 당나라의 연합군이 백제와 고구려를 차례로 무너뜨린 사건이었습니다. 먼저 무너진 것은 백제였습니다. 660년 소정방이 이끄는 13만 당나라군이 황해를 건너고, 태종무열왕이 몸소 이끄는 5만 신라군이 서라벌을 떠나 백제를 향해 진군했습니다. 백제는 계백이 이끄는 결사대 5000명으로 황산벌에서 신라군과 맞섰지만 역부족이었습니다. 10배나 많은 신라군을 맞아 연전연승했지만 어린 화랑인 반굴과 관창이 목숨을 내던지며 용감히 싸우자 사기가 오른 신라군이 총공세를 펼쳐 계백과 장졸들은 전멸하고 말았습니다. 그해 7월 9일의 일이었지요. 백제의 마지막 왕인 의자왕과 태자 효는 백성 1만 2807명과 함께 당나라로 끌려갔고, 당나라는 웅진 등에

5도독부를 설치해 백제 옛 땅을 직접 지배하고 나섰습니다.

당나라의 잇단 침공에 꿋꿋하게 버티던 고구려도 666년 연개소문이 죽자 그의 아들 사이에 내분이 일어나면서 안으로부터 망해 갔습니다. 668년 9월, 문무왕과 김유신이 이끄는 신라군과 이적이 이끄는 당나라군의 총공세 앞에 고구려 보장왕은 끝내 항복하고 말았습니다. 보장왕을 비롯한 대신 등 20만여 명은 당나라로 끌려가고, 당나라는 고구려 땅 역시 9도독부 42주로 나누고 평양에 안동도호부를 둬 직접 다스리기 시작했습니다.

◎ 정림사(定林寺) 터 5층 석탑

국보 제9호. 화강암으로 이루어졌고 높이는 8.33미터. 정림사는 사비의 시내 한가운데 있던 중요한 절이었다. 백제를 정벌한 당나라 장수 소정방의 공을 기록했다고 해서 정방비라고도 부른다. 당나라의 하수량이 글을 짓고 권회소가 글씨를 썼다.

당나라의 의도는 분명했습니다. 신라의 협력을 받아 백제와 고구려를 무너뜨린 다음에는 신라마저 무릎 꿇리고 만주와 한반도에 걸친 우리 민족의 영역까지 완전히 지배하겠다는 것이었습니다. 하지만 신라가 그리 만만한 나라는 아니었습니다. 신라는 백제 원정군을 일으킬 당시부터 동북아시아 전역을 직접 지배하려는 당나라의 의도를 잘 읽고 있었습니다. 그리하여 신라와 당나라 사이에 전쟁이 벌이졌습니다.

신라는 백제 유민과 고구려 부흥군까지 동원해 당나라의

야망을 단호히 분쇄해 나갔습니다. 마침 중국 서쪽에서 토번^{지금의 티베트}이 강대한 세력을 구축해 당나라를 위협했기 때문에 당나라는 신라에 전력을 기울일 수 없었습니다. 676년 신라는 마침내 당나라 군대를 이 땅에서 몰아내고 불완전하나마 삼국 통일을 완성할 수 있었습니다. '불완전'이라는 말을 쓴 것은 고구려의 강토였던 한반도 북쪽과 만주까지는 차지할 수 없었기 때문입니다.

그러나 당나라는 옛 고구려 땅 역시 그리 오래 간수할 수 없었습니다. 고구려 유민들이 호락호락 당나라의 온전한 지배를 허용하지 않았기 때문입니다. 거세게 일어난 고구려 부흥군은 671년 안시성에서 당나라군에게 패하면서 세력이 잦아들었습니다. 26년 전 당 태종의 10만 대군을 격퇴한 그 성

◐ 나당전쟁 때 당나라군을 크게 물리친 매소성 터에서 바라본 경기도 연천 일대
675년(문무왕 15) 신라군이 20만 명에 이르는 당나라 대군을 물리친 전적지. 이 전투와 이듬해의 기벌포 해전으로 신라는 당나라의 야욕을 완전히 꺾었다.

에서 이번에는 당나라에게 결정적인 패배를 당한 것이지요.

　그래도 안심할 수 없었던 당나라는 보장왕을 '요동주도독 조선왕'에 책봉해 안동도호부를 관리하게 했습니다. 고구려 유민의 불만을 무마하기 위해서였죠. 하지만 보장왕은 당나라 뜻대로 움직여 주지 않았습니다. 오히려 만주 땅에서 고구려인과 말갈인을 끌어 모아 고구려 부흥운동을 일으키려 했답니다. 깜짝 놀란 당나라는 681년 보장왕을 붙잡아 공주_{지금의 중국 쓰촨 성}로 유배 보내고, 보장왕은 그곳에서 한 많은 삶을 마치게 됩니다.

　이처럼 당나라는 만주에서 고구려의 잔재를 없애고 이 지역을 완전히 지배하려고 발버둥쳤지만 끝내 대조영에 의해 좌절을 맛보고 말았습니다. 698년 고구려 옛 땅에 발해가 건국되면서 만주와 한반도에는 발해와 신라가 공존하는 남북국 시대가 열렸습니다. 이것은 당이 꿈꾸던 동북아시아 지배가 끝내 실패로 돌아갔다는 것을 의미합니다.

대조영이라는 사나이

그렇다면 발해를 세운 대조영은 과연 어떤 사람이었을까요? 그는 영주에서 아버지 걸걸중상과 함께 살고 있던 고구려 유민이었습니다. 왜 걸걸중상의 아들이 대조영이냐고요? 대조영이 자신의 성을 '대'로 정한 것은 새로운 왕조를 세운 뒤의 일이었습니다. '대'가 지배자를 뜻하는 한자였기 때문이지요.

　당시 영주를 다스리던 영주자사 조문홰는 그 지역에 살고 있던 거란족, 말갈족, 고구려 유민 등을 상대로 학정虐政을 펼쳤습니다. 그러자 먼저 거란족의 이진충, 손만영이 반란을 일으켰습니다. 그들은 조문홰를 죽이고 영주를 점령했지만, 얼마 가지 않아 무측천이 보낸 군대에 의해 철저하게 진압되었습니다. 그러나 거란족을 겨우 주저앉혔다고 생각하는 다음 순간, 걸걸중상이 말갈인인 걸사비우와 함께 고구려 유민과 말갈족을 이끌고 반란을 일으켰지요. 말갈족은 중국 수나라와 당나라 때 만주에서 한반도 북부에 걸쳐 살던 퉁구스계 여러 종족을 통틀어 이르던 말입니다. 말갈족은 훗날 7부로 나뉘었는데 이 가운데 고구려 유민과 협력해 발해를 세운 부족은 속말말갈이었습니다. 반면 흑수말갈은 속말말갈과 달리 발해와 대립 관계를 맺기도 했지요.

　걸걸중상과 대조영의 출신에 대해서는 말이 많습니다. 당나라의 역사책인 『구당서』는 이들을 '고려 별종高麗別種'이라는 알 듯 모를 듯한 말로 표현했고, 『신당서』는 '속말말갈로서 고려에 붙은 자'라고 표현했습니다. 여기서 '고려'는 물론 고구려를 가리킵니다. '별종'이라든가 '붙은 자'라는 표현이 무엇을 뜻하는지는 한국과 중국의 학자들 사이에 논쟁이 전개되어 왔습니다. 그러나 국적과 학문적 입지에 따른 차이 때문에 속 시원한 결론은 내려지지 않고 있습니다.

여기서는 대조영이 근대의 어느 민족에 귀속되는가 하는 것을 따지는 자리가 아니기 때문에 이 정도로 넘어가겠습니다. 분명한 것은 걸걸중상이든 그 아들인 대조영이든 고구려에 속했던 사람이고, 대조영이 세운 발해의 지배층은 고구려 출신이 다수를 이루고 있었다는 사실입니다.

『신당서』에 따르면 걸걸중상은 무주 군대의 추격을 뿌리치며 고구려 옛 땅으로 이동하는 과정에서 병에 걸려 죽었습니다. 그리고 아들인 대조영이 반란 집단의 지도자를 맡았지요. 그런데 대조영은 새로운 왕조를 세우면서 왜 '대진'이라는 국호를 사용했을까요? 왕조의 이름을 외자로 짓고 그 앞에 '대大'를 붙이는 것은 역대 중국 정통 왕조의 관행이었습니다. 당나라도 '대당', 주나라도 '대주', 훗날의 원元나라도 '대원'이라는 식으로 불렸지요. 무측천의 왕조를 무주라고 부르긴 하지만 이는 먼 옛날의 주나라와 구별하기 위해서일 뿐이고 무측천 자신은 이 왕조를 '대주大周'라고 불렀습니다.

이런 관행을 따랐다는 것은 대조영이 자신들을 탄압하던 당과 동등한 왕조를 세우려 했음을 알려 줍니다. 『신당서』에는 대조영이 '대진왕'을 칭했다고 기록되어 있으나, 정황상 '황제'를 칭했을 것으로 보아도 무리가 없습니다. 실제로 대조영은 '천통天統'이라는 독자적 연호도 사용했습니다. 이미

○ **발해인의 얼굴이 새겨진 벼루**
발해의 수도인 상경성 터에서 발견된 벼루에 관리의 얼굴이 그려져 있다.

밝힌 것처럼 연도를 세는 독자적 연호를 사용하는 것은 천자天子, 즉 황제만이 할 수 있는 일입니다. 황제의 제후인 왕이 다스리는 왕국은 황제의 연호를 받아다가 사용하는 것이 중국 중심의 천하 질서에서는 당연한 일이었지요.

무측천 입장에서는 옛 고구려 땅을 내주는 것은 어쩔 수 없게 되었다 하더라도 그곳을 차지한 세력이 자기네 왕조와 맞먹는 것은 내버려 둘 수 없었습니다. 다시 말해 만주에 대한 대조영의 지배권은 인정하더라도 그를 무측천과 대등한 황제로 인정할 수는 없었고, 어떻게 해서든 주나라의 종주권을 인정하는 '왕'으로 격하시켜야 했습니다. 여기서 무측천과 대조영 사이의 국제 질서와 자존심을 건 2라운드가 시작됩니다.

완전 자주국이냐 형식적 복속이냐

천하를 호령하던 무측천은 결국 대조영을 무릎 꿇리지 못한 채 705년 세상을 떠났습니다. 무측천의 아들로 한때 당나라의 황제를 지냈던 중종이 다시 황제 자리에 오르고 대당이라는 국호도 돌아왔습니다. 대진이 자리를 잡아 가자 당 중종재위 683~684, 705~710은 705년 시어사 장행급을 보내 화해를 청했습니다. 이에 당나라와 진국 사이에는 화해가 성립되어 대조영의 둘째 아들 대문예가 인질로 당나라 수도에 들어갔고 이로써 평화적 외교의 기틀을 마련했습니다.

그리고 세월이 흘러 713년이 되었지요. 당나라는 '개원의 치'로 잘 알려진 영명한 군주 현종玄宗의 치세로 막 접어들었고, 대진은 여전히 대조영의 지배를 받고 있었습니다. 현종은 진나라와 대립각을 세우기보다는 대조영을 잘 구슬려 당나라 중심의 국제 질서에 편입시키려 했습니다. 이처럼 군사적으로 완전히 점령하지 못하고 어쩔 수 없이 독립을 인정해야 할 때 중국 왕조가 전통적으로 쓰는 방식이 조공-책봉 관계였습니다. 현종은 최흔이라는 관리를 사신으로 보내 대조영에게 '대진' 국호를 포기하라고 설득했습니다. 그 국호에는 당나라와 맞먹으려는 의도가 담겨 있으니 제후국에 걸맞은 이름으로 바꾸고, 황제인 자신의 책봉을 받으라고 요구한 것

⊙ 정효공주묘와 묘비
발해 3대 문왕의 딸인 정효공주의 무덤(왼쪽)에서 발견된 묘비에는 왕을 '황상'이라 일컫는 등 발해가 자주적인 황제의 나라를 지향한 자취가 남아 있다.

입니다.

○ 당 현종이 보낸 사신
최흔이 귀국 도중 남긴
비석의 일부

대조영은 이를 받아들였습니다. 자신이 배타적으로 옛 고구려 땅을 다스릴 수 있는 권리를 당나라가 인정하는 절차였기 때문입니다. 그때 대조영은 나라 이름을 '발해'로 바꾸고 현종으로부터 '좌효위 대장군 발해 군왕 홀한주 도독'이라는 벼슬을 받았습니다. 이것이 바로 책봉입니다. 이 책봉에서도 알 수 있는 것처럼 황제의 책봉을 받는 주변국 지배자는 '왕'의 지위보다 황제의 신하좌효위 대장군라는 지위가 우선합니다. 그렇게 함으로써 황제가 주변국의 왕을 자신의 신하로 지배하는 형식이 완성되는 것입니다. 이러한 관계가 아무리 형식적인 것이라 하더라도 대조영의 처지에서는 완전한 주권자의 권위가 깎이는 것을 감수할 수밖에 없었지요.

그런데 여기서 눈길이 가는 것은 '발해'라는 국호입니다. 중국 정통 왕조의 국호는 '대당', '대진' 등에서 볼 수 있듯이 '대' 자만 빼면 외자입니다. 그에 비해 황제의 책봉을 받는 주변국의 국호는 대개 '고구려', '백제'처럼 두 자 이상으로 되어 있습니다. 그래서 두 글자인 발해를 택한 것은 이해할 수 있지요. 하지만 발해만이라는 바다가 이 나라와 직접 관계도 없는데 왜 하필 그 바다를 나라 이름으로 정했을까요? 이 같은 결정을 내린 과정에 관한 기록이 없어서 추측을 할 수밖에 없습니다. 아마도 대조영은 고구려를 계승한다는 의미에서 '고려'를 주장하고 당나라는 말갈족의 나라라는 뜻에서 '말갈'을 권했을 것으로 보입니다. 그러다가 접점이 보이지 않자 당나라와 대진 사이에 있는 지명인 발해로 타협을 보았을 가능성이 있습니다.

이처럼 발해와 당나라 사이에 타협이 이루어지기는 했지만, 두 나라 사이가 그때부터 완전히 좋아진 것만은 아니었습니다. 앞에서 말한 것처럼 발해는 고구려 유민과 말갈족이 힘을 합쳐 세운 나라이지만, 말갈의 여러 부족 가운데 흑수말갈은 발해에 편입되지 않았습니다. 흑수말갈은 726년 당나라에 무릎을 꿇고 그 지배를 받겠다고 자청했습니다. 그러자 당나라는 흑수말갈 지역에 장사長史를 파견하고 그곳에 흑수 도독부를 설치했습니다.

평소 발해에 고분고분하지 않던 흑수말갈이 당나라 밑으로 들어가자 발해는 두 세력이 힘을 합쳐 공격해 올까 봐 미리 흑수말갈을 공격했습니다. 대조영의 큰아들 무왕재위 719~737은 이 원정의 선봉장을 아우 대문예에게 맡겼지요. 그러나 대문예는 형과 생각이 달랐습니다. 당나라처럼 큰 나라와 맞서는 것은 발해에 전혀 이롭지 않다는 것이었지요. 그래서 대문예는 형의 명령을 어기고 당나라에 망명을 해 버렸습니다. 동생에게 배신감을 느낀 무왕은 당나라에 사신을 보내 대문예를 보내 달라고 요청을 했지만 당 현종은 이를 거절했습니다. 화가 난 무왕은 732년 대장군 장문휴를 보내 당의 등주지금의 산둥 반도를 공격했습니다. 수군을 앞세운 발해 군사들은 바다를 건너 기습적으로 등주를 점령하고 그곳을 다스리던 당나라의 지방관마저 살해했습니다.

당황한 현종은 신라에 지원군을 요청했습니다. 신라는 이에 응해 발해의 남쪽을 공격하려고 군대를 일으켰지만, 추위

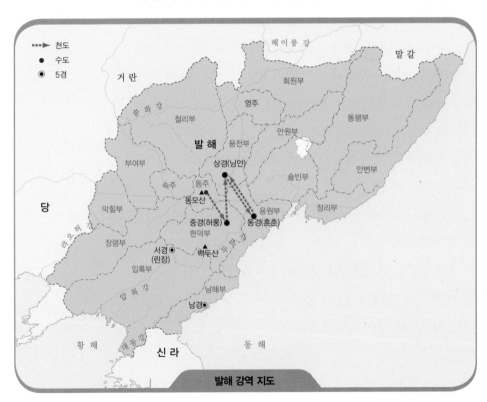

발해 강역 지도

차오양
둔화

와 큰 눈을 만나 성과 없이 돌아가고 말았습니다. 발해의 힘을 확인한 당나라는 더 이상 발해를 무력 공격하는 것은 불가능하다고 생각해 포기하고, 발해도 산둥 반도에서 군사를 돌렸지요.

이 사건을 계기로 나당전쟁 이후 외교 관계를 끊고 있던 신라와 당나라는 이전처럼 외교 관계를 회복했습니다. 또 발해도 당나라와 긴장 속에 평화 관계를 모색하게 되었지요. 두 나라가 어색한 휴전 상태에 들어간 뒤 발해의 세력이 점점 커지자 당나라는 발해의 왕을 '발해 군왕'에서 '발해 국왕'으로 한 단계 승격시켜 주었습니다. 이후 발해는 멸망할 무렵까지 당나라 중심의 동아시아 국제 질서 속에 안주하면서 문화 국가로서 품격을 높여 나갔답니다. 이처럼 긴박하게 전개된 8세기 전반 동북아시아는 치열한 외교전과 함께 전쟁과 평화가 교차되는 험난한 여정을 거쳐야 했습니다. 그런 여정이 끝나서야 동아시아에는 당나라를 중심으로 하는 새로운 국제 질서가 이루어질 수 있었답니다.

발해는 926년 멸망할 때까지 만주에서 연해주에 걸친 광대한 영토를 지배한 대국이었습니다. 발해의 영토는 통일 신라의 4~5배, 고구려의 1.5~2배에 이르렀다고 하지요. 또 나라만 큰 것이 아니라 문화도 융성해 '해동성국海東盛國'

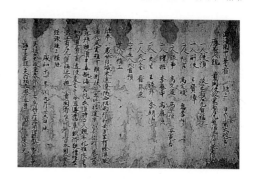

◐ **일본에 보낸 발해의 국서**
841년 발해 중대성에서 일본에 보낸 국서의 일부. 발해는 일본에 대해 스스로 부여와 고구려의 정통을 이었다고 밝히기도 했다.

이라 불릴 정도였습니다.

이렇듯 크고 융성했던 발해의 주민은 건국 세력이 그랬던 것처럼 고구려인과 말갈인으로 구성되어 있었습니다. 특히 발해를 이끈 지배 세력에는 고구려 계통의 귀족이 무척 많았어요. 고구려계 귀족이 지배 계층의 다수를 차지하고 있었기 때문에 발해는 대외적으로 '고구려를 계승한 나라'를 표방했습니다. 무왕은 일본에 보낸 국서에서 발해가 "고구려의 옛 터전을 되찾고 부여의 풍속을 소유하게 되었다."라고 썼으며, 제6대 강왕은 "교화를 따르는 부지런한 마음은 고씨에게서 이어받은 것"이라고 해서 발해가 고구려를 계승했다는 점을 분명히 밝혔습니다. 고씨란 바로 고구려의 왕족을 가리키니까요. 일본의 역사책에도 발해를 '고려국'으로 부른 기록이 남아 있다고 합니다.

대조영의 시호는 '고왕高王'이고 그의 후계자들도 '무왕',

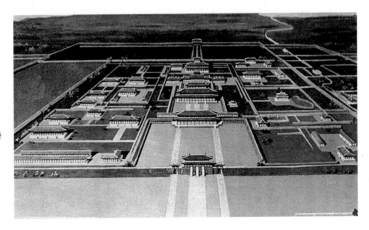

'문왕' 하는 식으로 '왕'을 시호로 받았습니다. 그러나 3대 문왕^{재위 기간 737~793}의 넷째 딸이던 정효공주의 묘지^{墓誌}에는 문왕을 '황상^{皇上}'으로 부르는 문구가 들어 있습니다. 또한 황제만이 쓸 수 있는 연호도 계속해서 사용했습니다. 이로 미루어 볼 때 발해의 군주들은 당나라 황제의 신하라는 대외적 지위를 감수해 외교적·문화적 이익을 보는 대신, 안으로는 황제에 해당하는 권위와 자주성을 누리려 한 것 같습니다.

이처럼 고구려를 계승하고 밖으로는 당나라 중심의 동아시아 질서에 적극 부응하면서도 안으로 황제 국가를 자처하며 해동성국을 이룩한 발해는 만주에 아로새겨진 우리의 자랑스러운 전통으로 남아 있습니다.

06

몽골의 침략과 고려의 포로들

달려라 김천,
엄마를 찾아서!

이제 고려 시대로 넘어가겠습니다. 고려는 통일 신라 말기에 후삼국으로 분열한 한반도를 재통합하고, 거란의 침공으로 멸망한 발해의 유민을 받아들여 통일 민족 국가의 기초를 확실히 닦았습니다. 그리고 거란의 잇따른 침략을 물리치고 나라를 반석 위에 올려놓았습니다.

그랬던 고려가 13세기 들어 일찍이 겪어 보지 못한 대제국의 침공을 맞았습니다. 유라시아 대륙을 거의 다 차지한 몽골 제국이 쳐들어온 것입니다. 고려는 30년 가까이 저항하다가 가까스로 화친을 맺었지만, 이미 국토가 유린되고 수십만 명의 백성이 제국 땅으로 끌려간 뒤였습니다.

고려 사람들은 이역만리에서 남의 종이 되어 고생하는 부모 형제를 찾아 만주 벌판을 헤맸습니다. 김천이라는 사람도 그중 한 명입니다. 이제 그를 찾아 만주의 요양(랴오양) 땅으로 떠나 보겠습니다.

○ 고려 효자 김천이 어머니를 되찾은 랴오양 시

고려의 수도 개경(지금의 개성)에서 북쪽으로 약 400킬로미터

달리면 압록강이 나오고 그 너머에 중국 랴오닝 성 단둥 시가 나옵니다.

여기서 다시 북쪽으로 50킬로미터쯤 달리면 중국의 국경 사무소에 해당하는

책문(지금의 벤먼 진)이 나오지요. 공식적으로는 여기서 신분을 확인받고

짐 검사를 받으면 비로소 국경을 넘는 셈이 됩니다. 책문에서 북서쪽으로

약 200킬로미터를 더 달리면 랴오양이 나옵니다.

이곳이 바로 우리의 목적지입니다.

고려 사람이 중국 땅에 노예로 끌려간 내력

1279년 바로 이 길을 따라 고려의 젊은이 김천이 장도에 올랐습니다. 이 젊은이는 머나먼 요양 땅에서 노예로 팔려 고생하고 있는 어머니를 찾아 가는 길입니다. 도대체 무슨 일이 있었던 것일까요? 왜 고려의 평범한 여인이 이역만리에서 남의 종이 되어 고생을 하고 있는 걸까요?

그 내력을 살피기 전에 먼저 고려라는 나라에 대해 알아 볼 필요가 있습니다. 고려는 지금의 개성 부근 황해안을 무대로 활동하던 해상 세력이 주력을 이룬 나라입니다. 그래서 비교적 개방적인 성격을 가지고 세계와 교역했습니다. 통일 신라 말기에 국가 체제가 흔들리면서 후백제와 후고구려가 나타나 시작된 후삼국 시대를 마감하고 한반도를 마지막으로 통일한 나라가 바로 고려입니다. 이름을 '고려'라고 한 데서 알 수 있듯이 이 나라는 고구려를 계승해 만주 지역의 영토도 되찾으려는 의지를 가지고 있었습니다. 그래서 고구려를 계승한 발해를 형제 국가로 생각하고 우호 관계를 맺었습니다.

926년 발해가 거란에게 멸망하자 고려 태조 왕건은 거란을 불구대천의 원수로 여기며 외교 관계 맺기를 거부했습니다. 그리고 발해 태자 대광현이 수많은 유민과 함께 망명해 오자 이를 따뜻이 맞아 주기도 했지요.

○ 태조 왕건
송악(개성)의 호족 출신으로 후고구려를 세운 궁예를 몰아내고 고려를 건국했다. 사진은 개성 봉은사에 있던 왕건의 동상.

북방 영토를 회복하겠다는 왕건의 북진 정책은 비록 실현되지는 못했지만, 고려는 거란의 침략을 물리치고 자주적인 국가를 유지해 나갔습니다. 그러던 고려가 큰 위기에 맞닥뜨린 것은 1231년의 일이었습니다. 13세기 초에 들불처럼 일어나 유라시아 대륙의 여러 나라를 정복해 나가던 몽골 제국이 고려에도 침략군을 보낸 것입니다.

　　고려는 1231년부터 30년 가까이 몽골 침략군에 맞서 싸운 끝에 나라는 지켜냈으나 몽골의 내정 간섭을 받게 되었습니다. 당시 몽골은 동쪽으로는 중국, 서쪽으로는 러시아와 동유럽에 이르는 거대한 지역을 정복한 세계 제국이었습니다.

　　고려 태자^{훗날의 원종}는 그런 강대한 제국과 벌이던 전쟁을 끝내기 위해 몽골을 방문했습니다. 그리고 칭기즈칸의 손자

○ 카라코룸의 만안궁
몽골 고원에서 출발한 몽골 제국은 고원 한가운데 있는 카라코룸을 수노로 삼았다. 훗날 칭기즈칸의 손자인 쿠빌라이가 중국을 차지한 뒤 제국의 수도는 대도(지금의 베이징)로 옮겨졌다.

인 쿠빌라이와 협상을 벌인 끝에 고려가 몽골을 큰 나라로 섬기되 독립을 보장받는 타협을 이루어 냈습니다.

당시 몽골 제국의 대칸 자리를 놓고 동생인 아리크부카와 경쟁을 벌이던 쿠빌라이는 고려의 태자가 자신에게 찾아와 고개를 숙였다고 대대적으로 선전했습니다. 그는 고려가 옛날 당 태종이 몸소 정벌하러 갔다가 실패했던 강한 나라라고 했습니다. 고려가 고구려를 계승한 나라이기 때문에 그런 생각을 했던 것이겠죠.

훗날 쿠빌라이는 아리크부카를 물리치고 제국의 대칸이된 뒤 중국 땅에 원나라를 세웁니다. 그리고 몽골 고원의 카라코룸에 있던 몽골 제국의 중심지를 원나라의 수도인 대도로 옮기지요. 얼마 뒤에는 중국 남쪽에서 명맥을 이어가던 송나라를 완전히 멸망시키고 중국 대륙을 완전히 차지한답니다. 이처럼 북방 유목민이 중국 대륙을 완전히 정복한 것은 원나라가 처음이었습니다.

고려는 가까스로 나라가 망하는 것은 피했지만 오랜 전쟁으로 커다란 피해를 보았습니다. 신라의 자랑거리였던 경주의 황룡사 구층 목탑이 불타 버리고 수많은 백성이 목숨을 잃거나 원나라 땅으로 끌려갔습니다. 원나라로 끌려간 고려 백성은 원나라 사람들의 몸종이 되어 곳곳으로 팔려 갔지요. 역사 기록에 따르면 그 수는 무려 20만 명에 이른다고 합니다.

전쟁 통에 이처럼 가족을 빼앗긴 사람들은 어떻게 해서든 가족을 되찾으려고 안간힘을 썼습니다. 하지만 머나먼 중국 땅으로 끌려간 가족을 찾는 일도 여간 어렵지 않았을 뿐 아니라 찾는다 해도 비싼 몸값을 치러야 했습니다. 그래서 생이별을 감수하고 가슴에 한을 품은 채 살아가는 사람들이 많았지요. 오늘의 주인공인 김천도 그런 사람이었습니다. 강원도 명주 사람이던 김천도 어머니와 동생을 몽골 침략군에게 납치당하고 소식을 모른 채 가슴만 치며 살아가고 있었답니다. 자, 그럼 김천이 어떻게 어머니 계신 곳을 알게 되었고 어떻게 어머니를 되찾으려 하는지 살펴보도록 하겠습니다.

○ **황룡사 구층 목탑지**
몽골 침략군이 불태워 버린 경상북도 경주의 황룡사 구층 목탑이 서 있던 자리. 본래 신라의 세 가지 보물 가운데 하나로 꼽히던 곳이다.

목 놓아 부르는 사모곡

|

강원도에서 평범하게 살아가던 김천은 어느 날 고려의 수도인 개경으로 올라가 한 시장통에서 다 해진 옷을 입고 허공을 향해 고래고래 소리를 질렀습니다.

"아! 나도 이제 어머니랑 동생을 찾아서 함께 살 수 있게 되었어!"

김천이 마치 미친 사람처럼 고래고래 소리를 질러대자 주변에 사람들이 모여들어 무슨 일이냐고 물었습니다. 그러자 김천 곁에 있던 스님이 연유를 설명했습니다.

김천은 스님의 고향 친구였습니다. 김천이 겨우 열다섯 살일 때 몽골군이 쳐들어와 김천의 어머니와 동생을 끌고 갔습니다. 김천은 너무 슬퍼서 밤낮 없이 울었습니다. 몽골군에게 끌려가던 사람들은 길에서 많이 죽기도 했습니다. 그 이야기를 들은 김천은 어머니도 돌아가셨다고 생각해 상복을 입기까지 했습니다.

6년의 세월이 흘렀습니다. 어떤 사람이 원나라를 다녀와서는 개경의 시장 거리에 나가 미친 듯이 김천을 찾았습니다. 한참을 수소문하며 찾아다니던 끝에 그 사람은 김천의 친구인 스님을 만날 수 있었습니다.

"내가 원나라에 가서 김천의 어머니를 만났소. 요양 땅에서 종살이를 하고 있더이다. 어머니가 써 주신 편지를 가지고 왔으니 김천에게 전해 주시오."

　스님은 편지를 부랴부랴 김천에게 전해 주었습니다. 편지에는 다음과 같은 내용이 적혀 있었습니다.

　'나는 천신만고 끝에 살아 원나라 사람의 종이 되었어요. 굶주려도 먹지 못하고 추워도 입지 못하며 낮에는 밭을 매고 밤에는 방아를 찧으며 어렵게 살고 있지요. 내가 이처럼 살아 있단 소식을 누가 내 자식에게 알려 줄 수 있을까요?'

　편지를 읽은 김천은 편지를 부여잡고 통곡을 했습니다. 그날 이후 식사할 때면 목이 메어 음식이 넘어가지 않을 정도였습니다. 하루 빨리 가서 어머니를 모시고 오려 했지만 가난한 김천에게는 돈이 없었습니다. 어머니가 살아 계시다는 요양 땅까지 가는 비용도 비용이거니와 종살이를 하는 어머니와 동생을 데려오려면 몸값을 치러야 했습니다. 그 몸값은 김천이 만만히 벌 수 있는 액수가 아니었지요.

　또 당시에는 외국 여행에 엄격한 제한이 있어서 돈만 있다고 누구나 갈 수 있는 게 아니라 관청의 허락을 받아야 했습니다. 그런데 조정에서는 김천의 사정을 다 듣고도 원나라로 들어가는 것을 허락하지 않았습니다. 이듬해 충렬왕이 원나라에 간다는 소식을 듣고 그 행렬을 따라가고자 다시 관청에 가서 빌었지만 또 한 번 거부당했습니다.

　개경에 머물며 그렇게 빌고 또 빈 5년 동안 김천의 옷은 해어지고 양식은 떨어져 갔습니다. 바로 그때 김천이 길에서

만난 사람이 고향 친구인 스님이었습니다. 때마침 스님의 형이 개경에서 벼슬을 하고 있었는데, 그분이 원나라 요양에 들어갈 일이 생겼습니다. 스님은 형에게 친구인 김천의 딱한 사연을 들려주며 요양까지 데리고 가 달라고 부탁했습니다. 드디어 김천에게 어머니를 찾아갈 수 있는 길이 열리게 된 것입니다.

그런데 김천의 효심은 지극하지만 어머니의 편지를 받은 지도 이미 6년이나 지났으니 그때까지 살아 있다는 보장은 없었습니다. 요양까지 가려면 한 달은 족히 걸릴 텐데 도중에 도적이라도 만나면 공연히 몸만 다치고 돈만 빼앗길 수도 있었습니다.

하지만 김천의 결심은 단단했습니다. 그는 옷고름을 고쳐 매면서 다짐을 했습니다. '아들이 되어 어머니 소식을 듣고 어떻게 몸을 아낄 수 있겠는가? 차라리 가서 못 뵙는 한이 있어도 가고 말리라.'

효자 김천 이야기가 실려 있는 책
조선 시대에 효와 예에 입각한 유교적 삶을 권장하기 위해 만든 「오륜행실도」에 김천의 이야기를 실어 모범적 사례로 삼았다.

고려의 역과 원

1279년 김천은 고마운 스님 친구의 배웅을 받으며 고려의 사신 일행을 따라나섰어요. 개경과 바깥 세상을 연결하는 역 가운데 하나인 금교역에서 출발해 장도에 올랐지요.

고려에는 개경을 중심으로 525군데의 역이 있었습니다. 이 역들은 모두 22개의 길로 묶여 있었지요. 525군데의 역에는 모두 농사 지을 땅을 주어 거기에서 벌어들이는 수입으로 역을 운영하고 말을 키우도록 했습니다. 이처럼 촘촘하고 튼튼한 역참망을 통해 공문서를 전달하고 관청 간에 연락을 했으며 지방에서 세금으로 내는 곡식과 특산물도 수도인 개경으로 운반했습니다. 조선 시대의 암행어사처럼 역을 통해 지방으로 내려가 몰래 관리들의 비리를 조사하는 왕의 특사도 있었습니다.

이처럼 역참은 국가의 공적인 일에만 이용할 수 있었으나, 개인적인 용무라도 국가적으로 중요한 일이면 특별히 이용할 수 있도록 허가하기도 했답니다.

오늘날의 역에는 기차가 드나들며 사람과 짐을 실어 나르지만 고려 시대의 역에서는 말이 그 역할을 했습니다. 오늘날의 역 대합실이나 역 사무실에 해당하는 건물도 있고 짐과 사람을 통제하는 역무원 같은 사람들도 있었습니다. 역장에 해당하는 역의 책임자는 관역사라고 불렀답니다. 오늘날로 치면 차량 기지창이라 할 수 있는 마구간에서는 말들이 다음 여행을 위해 휴식을 취하고 있었지요.

고려의 수도 개경은 나성이 둘러싸고 있었는데 나성 바깥에는 금교역을 비롯한 네 역을 두고 있었습니다. 그리고 이 역들에서 각 지방으로 향하는 여행지나 문서들을 관리하고 통제했지요. 특히 개경의 중앙 관청에서 지방 관청으로 보내는 공문서는 반드시 개경에서 지금의 서울^{당시에는 남경}로 가는 길목에 있는 청교역을 통해 나가야 했어요.

지방 관아로 내려 보낼 문서를 검사하고 허가하는 관청은 첨의부라는 곳이었습니다. 첨의부에서 허가받은 문서만이 청교역에 모여서 지방으로 가기 위한 수속을 밟았지요. 지방이나 외국으로 가는 관리가 대궐에서 말을 타고 와서 청교역을 찾으면 관역사는 그가 마패를 가지고 있는지 확인하고 역에서 일하는 역졸들을 시켜 말에 실린 짐을 확인하게 했어요. 마패란 지방이나 외국으로 가다가 도중에 있는 역에서 말을 갈아타고 갈 수 있도록 나라에서 발행하는 증표였지요.

나라에서 지방에 보내는 문서는 가죽 자루에 담아 말에 단단히 붙들어 맨답니다. 그런데 문서가 담긴 가죽 자루에는 방울이 달려 있어서 움직일 때마다 딸랑거리는 소리가 났습니다. 서둘러 전해야 할 급한 문서가 들어 있는 자루에는 방울 세 개를 달아서 딸랑딸랑딸랑 하고 소리가 나게 했고, 그다지 급하지 않은 문서가 들어 있으면 하나만 달아서 딸랑 소리가 나게 했지요.

청교역을 통과해 개경을 벗어나면 임진강을 끼고 돌아 지금의 경기도 파주에 들어서게 된답니다. 파주에도 마산역이 있어 이곳에서 잠시 쉰 뒤 길을 재촉하면 울창한 숲 사이로 고갯길이 나타납니다. 이곳은 그늘이 짙어서 땀을 뻘뻘 흘리며 달려온 말이랑 사람들의 더위를 식혀 주곤 했지요. 그렇게 길 가는 사람들에게 은혜를 베푼다고 해서 이곳을 '혜음령'이라고 했어요. 혜음령 위에는 여행자들이 잠을 자고 갈 수 있는 숙박 시설인 혜음원이 있었답니다. '원院'이란 역과 역 사이를 오가는 여행자들에게 휴식과 식사를 제공하는 일종의 국립 숙박 단지였어요.

　고려는 이처럼 중요한 길목에 원을 두어 여행자에게 숙식을 제공하고 지방 고을에는 관館을 두어 손님을 접대했습니다. 원은 역과 같은 장소에 있을 때도 있어 역과 원을 합쳐 역원이라 부르기도 했지요. 1122년에 완공된 혜음원에

◎ 혜음원지
고려 때 개성과 서울을 오가는 관리나 백성을 위해 건립한 숙박 시설. 사찰과 함께 국왕이 사용할 별궁도 갖추어 규모가 매우 컸다.

는 27동 이상의 건물이 있었답니다. 도적이나 맹수의 침입을 막기 위해 성곽처럼 높은 담장을 두르고 있었고, 혜음사라는 절과 이웃하고 있었습니다. 담장 한쪽에 있는 문은 굳게 잠겨 있었는데 그 문은 왕이 행차할 때 머무는 별원과 연결되어 있었지요. 그 별원까지 합치면 무려 4000평이 넘는 대규모 숙박 단지였답니다. 혜음사에서 만든 종이, 술, 소금, 불교 용품을 파는 가게도 있고 상인들의 물품을 사거나 물건을 받아 놓고 자금을 꿔 주는 곳도 있었습니다. 또 행려병자나 여행 중 다치거나 병든 사람들을 보살피기 위해 긴급 구호 시설을 마련해 두기도 했지요.

어머니를 모시고 오다

금교역은 청교역과 반대로 북쪽 의주 방향으로 나가는 관문이었습니다. 따라서 중국으로 가려면 금교역을 통과해야 했지요. 그래서 금교역에는 중국으로 가는 고려의 사절단과 여러 나라에서 온 사람들을 만날 수 있었습니다. 원나라가 고려 내정에 간섭하기 위해 파견한 다루가치라는 관리, 원나라 황실이 믿는 종교인 티베트 불교의 승려들, 원나라에서 고려로 장사하러 오는 중국인, 푸른 눈의 서역인 등등 많은 외국인이 서로 다른 언어로 이야기하는 모습을 종종 볼 수 있었지요.

　금교역을 떠나 국경인 압록강변의 의주까지 가는 동안에
는 40개에 가까운 역참을 거치게 되어 있었답니다. 지금의
평양이 그 중간 지점이었지요. 이렇게 여러 역참을 거쳐 압록
강을 건너게 되면 그곳부터는 원나라 땅이었습니다. 말이 통
하지 않기 때문에 중국 말이나 몽골 말을 하는 사람들이 꼭
필요한 곳이지요.

　고려 때 외국 말을 전문적으로 하는 관리를 역자나 역관
이라고 불렀습니다. 역관들을 통솔하는 외교관을 통사라고
불렀고요. 그들은 통문관_{고려 전기에는 예빈성}이라는 긴칭에서 실
시하는 시험을 보고 선발되었습니다. 시험 보는 외국어는

중국어, 몽골어, 여진어지금의 만주어, 일본어 이렇게 네 가지였다고 하지요. 몽골의 침략을 받기 전에는 중국어가 가장 중요한 외국어였고 원나라의 간섭을 받게 되면서 몽골어가 그 자리를 차지했다고 합니다.

원나라가 세계제국 몽골의 중심 국가였기 때문에 원나라의 간섭을 받게 된 고려는 유라시아 대륙을 잇는 교통망에 연결되었습니다. 그래서 고려는 원나라를 통해 세계 여러 나라와 활발한 교류를 해 나갈 수 있었어요. 몽골 제국은 원나라와 4대 칸국을 포함하는 세계 제국으로, 흑해 동쪽에서 중국까지 유라시아 대륙을 관통하는 교통망을 활짝 열었습니다.

○ 원의 대도에서 온 공문서
원 불교계의 최고 권위자인 제사가 고려 수선사의 원감국사 종지에게 보낸 공문서. 원의 불교가 티베트 불교였기 때문에 티베트어로 쓰여 있다.

몽골 제국은 중요한 노선을 따라 일정한 간격으로 역을 두었는데 이걸 몽골 말로 '잠'이라고 불렀습니다. 잠에는 숙박 시설과 수레나 말, 필요한 식량 등을 준비해 두었습니다. 원나라에 설치된 잠만 해도 1519군데에 이르고 그곳에 비치된 말과 노새가 5만 마리, 소가 9000마리, 수레가 4000량, 배가 6000척에 이르렀다고 합니다. 원나라만 해도 이 정도인데 주위의 모든 영토에 있던 잠과 장비를 계산하면 상상도 할 수 없이 많은 수와 양이 나올 것입니다.

　이러한 교통로를 이용해 많은 서양 사람들이 원나라의 수도인 대도를 방문하고 그중 몇 사람은 기록도 남겼습니다. 로마 교황의 사도였던 플라노 카르피니, 모로코의 여행가 이븐바투타 등이 그들인데, 가장 널리 알려진 인물은 『동방견문록』을 남긴 이탈리아의 마르코 폴로일 것입니다.

　원나라 수도에서 5000킬로미터나 떨어져 있는 서쪽 끝의 바그다드나 모스크바까지는 숙련된 역참병이 말을 타고 최대한 빨리 달려도 200일 넘게 걸린다고 합니다. 그러니 개경에서 요양까지 가는 한 달 정도는 우습다고 해야 할까요?

❂ 마르코 폴로가
베네치아를 떠나는 장면
마르코 폴로(1254~1324)는
베네치아 상인으로 원을 방문해
쿠빌라이의 총애를 받으며
오랫동안 제국의 곳곳을 돌아볼
수 있었다. 그 경험을 종합해
수록한 책이 『동방견문록』이다.

아무튼 우리의 김천은 요양까지 달리고 또 달려서 원나라 군졸의 집에서 어머니를 만났습니다. 어머니는 어찌나 비참한 모습이었던지 처음에는 알아보지 못했으나, 곧 자신의 어머니라는 것을 확인하고는 부둥켜안고 눈물을 흘렸습니다. 곧 이어 동생 김덕린도 만날 수 있었습니다.

그러나 김천은 어머니와 동생을 둘 다 데리고 갈 수는 없었습니다. 자신이 가지고 갔던 두 명 몫의 은 값이 갑자기 한 명 분으로 떨어졌기 때문입니다. 고려에서 수많은 사람들이 처자와 부모를 찾기 위해 은을 들고 가는 바람에 빚어진 일이었지요. 어떤 사람은 고려 인삼을 들고 갔지만 이것도 헐값이었습니다. 원나라에 포로로 잡혀 간 고려 사람은 21만여

○ **오늘날의 개경**
멀리 바라보이는 송악산 아래 펼쳐진 개성 시의 모습. 고려 시대에 이곳은 황제가 거주하는 황도로 불리며 번영을 구가했다.

명에 이르렀다니, 그 가족들이 고려에서 은과 인삼을 싸 들고 갔다면 그 값이 떨어질 수밖에 없었을 것입니다.

김천은 눈물을 머금고 일단 동생을 둔 채 어머니만 모시고 고려로 돌아가야 했습니다. 그러나 이 의지의 사나이는 다시 6년 후 동생마저 찾아와 죽을 때까지 화목하게 살았다고 합니다.

이 이야기는 조선 시대에 효를 가르치기 위한 사례로 『오륜행실도』에 실려 여러 사람에게 감동을 전했다고 합니다.

07

압록강에서 멈춘 요동 정벌의 꿈

달려라 *최영!*
달려라 *이성계!*

만주와 한반도의 경계를 이루는 압록강으로 다시
시선을 돌려보겠습니다. 오늘날 압록강을 사이에
두고 마주보는 중국의 단둥 시와 북한의 신의주시
사이에는 조중우의교(朝中友誼橋)가 가설되어 있
습니다. 북한 쪽에서 이 다리를 건너다가 오른쪽으
로 돌아보면 길이 약 9킬로미터에 이르는 섬이 보
입니다. 위화도라는 섬입니다.

1388년 여름 이곳에 고려의 명장인 이성계가 이끄
는 4만 명의 군사들이 진을 치고 있었습니다. 폭우
가 내려 압록강이 험하게 넘실거리는 가운데 군사
들은 곧 북쪽으로 강을 건너 진군해 갈 채비를 차
리고 있었습니다. 그들이 섬을 떠나 강을 건너는
순간 고려와 중국의 새로운 통일 왕조 명나라 사
이에는 돌이킬 수 없는 전쟁이 시작될 것입니다.
자, 우리도 이성계와 4만 대군을 좇아 강을 건너
볼까요?

🔾 압록강을 가로지르는 철교

책문

의주
위화도

개성에서 위화도까지

평양

개성

서울

인천

황 해

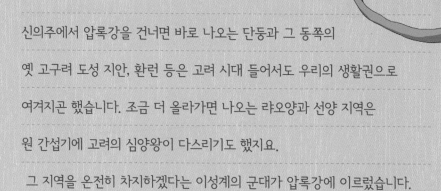

신의주에서 압록강을 건너면 바로 나오는 단둥과 그 동쪽의

옛 고구려 도성 지안, 환런 등은 고려 시대 들어서도 우리의 생활권으로

여겨지곤 했습니다. 조금 더 올라가면 나오는 랴오양과 선양 지역은

원 간섭기에 고려의 심양왕이 다스리기도 했지요.

 그 지역을 온전히 차지하겠다는 이성계의 군대가 압록강에 이르렀습니다.

최영과 이성계

|

먼저 이성계가 요동을 정벌하기 위해 위화도까지 오게 된 내력을 살펴보겠습니다. 앞서 본 대로 고려는 30년 가까이 몽골 침략군과 전쟁을 벌이다가 화의를 맺었습니다. 그 결과 고려의 주권을 지켰지만 몽골 제국의 간섭을 받게 되었지요. 훗날 원종이 된 고려 태자와 화의를 맺은 몽골 대칸 쿠빌라이는 1371년 중국식 왕조인 원元을 세웠습니다. 그래서 이후 100년 가까운 시기를 '원 간섭기'라고 부릅니다.

고려의 왕들은 이전까지 중국의 황제들처럼 '태조'니 '원종'이니 하면서 '조祖'나 '종宗'으로 끝나는 묘호廟號, 왕실 사당인 종묘에 모시는 위패에 새기는 칭호를 받았습니다. 그러나 원 간섭기에는 '충렬왕', '충선왕' 등 원 황제의 제후에 불과한 '왕'을 묘호로 받게 되었습니다. 또한 고려의 왕자들은 원 황실에 볼모로 갔다가 원의 황녀와 혼인을 한 뒤 고국으로 돌아와 왕위에 올랐습니다. 자연스럽게 고려 왕실은 원 황실과 피가 섞이게 되었죠.

그런데 1351년 왕위에 오른 공민왕은 원 황실에 머무는 동안 기울어 가는 원 제국의 현실을 똑똑히 목격했습니다. 공민왕은 원의 간섭을 뿌리치고 고려의 자주성을 되찾을 때가 되었다는 판단 아래 반원反元 개혁에 나섰습니다. 원나라의 영향을 받았던 관직 제도를 예전 고려의 것으로 되돌리

○ **공민왕릉**
개성에 있는 공민왕 부부의 무덤.
왕비 노국대장공주의 무덤인
정릉과 나란히 있는 쌍무덤으로,
동쪽의 것이 정릉이고 서쪽의
것이 공민왕릉인 현릉이다.

고, 원나라의 연호를 쓰는 일도 중단했으며, 몽골 식 복장
과 머리 모양을 금지했습니다. 그동안 원나라에 빌붙어 권
세를 얻고 온갖 행패를 부리던 부원배附元輩들이 저항했지만,
공민왕은 거침없이 개혁을 펼쳐 나갔습니다.

　밖으로 원나라의 간섭을 뿌리치는 개혁은 안으로 부패한
기득권 세력을 뿌리 뽑는 개혁과 함께 이루어질 일이었습니
다. 당시 고려 사회는 부원배들을 중심으로 새롭게 형성된
기득권층이 수많은 땅을 사들이고 농민을 노비로 부려 먹어
큰 문제를 낳고 있었습니다. 이런 세력을 '권문세족'이라고 했
지요. 그들은 불법적으로 땅을 넓히면서도 국가에는 세금을
내지 않아 나라 살림은 갈수록 어려워졌습니다. 당시 원나라
에서 새로 들어온 성리학을 공부한 신흥 사대부들은 이러한
권문세족이 나라를 망친다면서 비판의 날을 세웠습니다. 그

들은 대개 땅을 조금만 갖고 스스로 농사를 짓는 중소지주 출신이었기 때문에 권문세족의 횡포를 더욱더 참고 있을 수 없었지요.

공민왕은 신돈이라는 승려를 등용해 신흥 사대부들과 힘을 합쳐 권문세족에 대항하는 개혁을 진행하게 했습니다. 권문세족이 불법적으로 차지한 땅을 몰수해 농민들에게 돌려주는 것이 신돈이 추진하는 개혁의 핵심 내용이었습니다.

신돈이 한창 개혁 정치를 펼쳐 나가던 1368년, 동아시아에는 엄청난 변화가 일어났습니다. 중국을 정복했던 원나라가 마침내 한족의 반란으로 고향 땅인 몽골 고원으로 쫓겨간 것입니다. 그리고 한족의 나라인 명나라가 중국을 차지했습니다. 이제 원나라는 더 이상 세계 제국의 중심 국가가 아니라 예전처럼 몽골 고원 일대에 웅크린 유목 국가에 불과했지요. 그렇게 몽골로 쫓겨간 원나라를 북원北元이라고도 부릅니다.

안 그래도 원나라의 간섭을 물리치기 위해 애썼던 공민왕은 더욱더 북원을 멀리하고 명나라와 가까이 지냈습니다. 원나라를 등에 업고 권력을 누리던 권문세족은 여전히 북원 편이었지만, 신흥 사대부들은 명나라 편에 서 있었습니다. 1369년에는 요동 땅에 있는 동녕부를 거점으로 북원의 잔당들이 변경에 출몰해 고려 사람들을 괴롭히는 일이 일어났습니다. 그러자 공민왕은 젊은 장군인 이성계를 보내 동녕부를 공격하게 했습니다.

　이듬해 이성계는 군사를 거느리고 압록강을 건너 오라산성에 웅크리고 있던 북원 세력을 일망타진하고, 동녕부의 중심지인 요성遼城까지 뒤흔들어 놓은 뒤 돌아왔습니다. 오라산성은 주몽이 고구려를 일으킨 오녀산성이고, 요성은 고구려 용사들이 수나라 백만 대군을 물리친 요동성을 가리킵니다. 그러니까 이성계는 이때 이미 점령만 하지 않았다 뿐이지 사실상 요동 정벌에 성공한 전력이 있었던 것입니다.

　1371년 신돈이 죽고 3년 후 공민왕이 죽은 뒤에도 신흥 사대부와 권문세족은 계속해서 기싸움을 벌였습니다. 공민왕

◎ **이성계가 공격한 오라산성**

이 죽은 뒤에 임금 자리에 오른 사람은 우왕이었습니다. 우왕을 임금으로 만드는 데 가장 큰 공을 세운 이는 이인임이라는 사람이었지요. 그 덕분에 권력을 잡은 이인임은 권문세족 편에 서서 명나라를 멀리하고 원나라와 가까이 지내는 정책을 폈습니다. 그리고 명나라와 친한 관계를 유지해야 한다고 주장하는 신흥 사대부들을 조정에서 내쫓았지요.

이인임은 임견미, 염흥방 같은 자신의 심복들에게 중요한 자리를 맡기고 나랏일을 마음대로 쥐고 흔들었습니다. 벼슬을 사고파는 짓을 예사로 하고 마음에 안 드는 사람을 마음대로 죽이기도 했지요. 공민왕이 기껏 다잡아 놓은 나라꼴은 점점 엉망이 되어 갔습니다.

고려를 괴롭히는 것은 나라 안의 이인임만이 아니었습니다. 남쪽 바닷가에는 왜구라고 불리는 일본 해적들이 쳐들어와 백성들을 죽이고 집을 불태우고 재물을 약탈해 가는 일이 자주 일어났습니다. 그러다 보니 바닷가에 사는 백성들은 살던 곳을 떠나 육지 안쪽으로 옮겨 가서 살기도 했습니다. 바닷가 마을들이 텅 비다시피 되었지요.

이렇게 큰 피해를 안겨 주던 왜구들을 물리치는 데 큰 공을 세운 장군이 두 명 있었습니다. 한 명은 요동 정벌에서 이미 능력을 인정받은 이성계이고 다른 한 명은 그보다 훨씬 전부터 뛰어난 무장으로 두각을 나타낸 최영이었습니다. 두 장군은 동에 번쩍 서에 번쩍 하면서 이 땅에 쳐들어온 왜구

를 혼내 주곤 했습니다. 왜구들은 최영과 이성계라는 말만
들어도 오금이 저려 도망치기 바빴을 정도랍니다.

안타깝게도 최영은 권문세족과 가깝고, 이성계는 신흥 사
대부와 가까웠습니다. 그런데 최영은 권문세족과 가깝기는
했어도 부정한 방법으로 재물을 늘리고 남들을 괴롭히는 사
람은 결코 아니었습니다. 오히려 최영은 "황금 보기를 돌 같
이 하라."라는 아버지의 가르침을 따라 검소한 삶을 살았던
분입니다.

최영은 또 누구보다도 고려를 사랑했습니다. 이인임이 자
기 부하들한테만 높은 벼슬을 주고 온갖 나쁜 짓을 하며 나
라 꼴을 엉망으로 만들자 최영은 무척 화가 났습니다. 그래
서 최영은 이성계와 손을 잡고 이인임 일당을 몰아냈답니다.
우왕이 왕위에 오른 지 14년째가 되는 1388년의 일이었지요.
백성들의 영웅으로 떠오른 두 장군이 손을 잡으면 안 되는
일이 없을 것 같았습니다.

위화도의 회군

바로 그때 최영과 이성계를 갈라놓는 큰 사건이 터졌습니다.
명나라가 철령 북쪽의 땅이 자기네 땅이라고 우기면서 그곳
에 70개의 병참 기지를 두겠다고 통보해 온 깃입니나. 그곳
은 원래 원나라가 차지했던 땅이니까 원나라의 뒤를 이은 명

나라가 갖는 게 당연하다는 논리였습니다. 그런데 철령이 어디인가에 대해서는 학자들 사이에 이견이 있습니다. 어떤 학자들은 전통적인 견해에 따라 철령을 지금의 함경도 동해안 원산 부근으로 짐작하고 있지요. 그러나 어떤 학자들은 철령이 그렇게 남쪽일 리가 없다면서 중국 역사책을 인용해 지금의 중국 지린 성 번시本溪 시 부근이라고 주장합니다. 만약 명나라가 설치한 병참 기지가 번시 시 부근에 있었다면 그곳

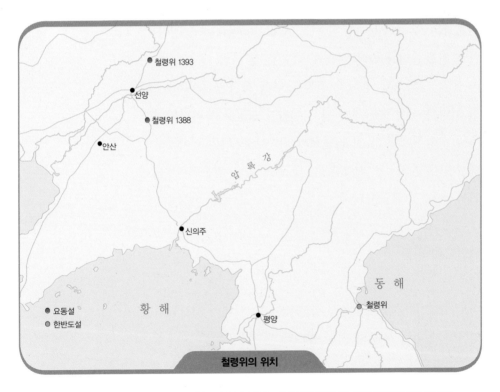

철령위의 위치

⊙ 학계 일부에서는 철령위를 원산 일대로 보는 것이 정설로 받아들여져 왔다. 그런데 『명사(明史)』에는 '요동 철령위'로 표기되어 있다.

은 이성계가 한 번 정벌한 적이 있는 요동성과 매우 가깝습니다.

최영은 명나라에 대해 불같이 화를 냈습니다. 최영은 철령 북쪽의 땅을 내줄 수 없을 뿐 아니라 아예 이참에 명나라로 쳐들어가 옛날 고구려 땅을 찾아오겠다고 생각했습니다. 우왕도 최영의 생각에 맞장구를 쳤지요. 그래서 고려 조정은 최영과 이성계를 중심으로 해서 요동으로 쳐들어갈 군대를 꾸리게 되었답니다.

하지만 이성계는 최영과는 생각이 달랐습니다. 가뜩이나 나라 살림이 어렵고 왜구마저 들끓는 판에 명나라 같이 큰 나라와 전쟁을 벌인다는 것은 무리한 일이라고 생각했습니다. 게다가 당시는 농사일이 한창 바쁜 농번기였지요. 전쟁에 나갈 군사들은 어차피 농민들 속에서 뽑아야 하는데, 그러면 농사지을 사람이 없게 되어 농촌이 큰 피해를 볼 수밖에 없었습니다. 이런 걱정은 이성계와 가까운 신흥 사대부들도 똑같이 하고 있었습니다. 신흥 사대부들은 명나라와 싸우는 것은 고려를 위해 좋지 않다고 믿었거든요.

이성계는 이런 걱정을 담아 우왕에게 상소를 올렸습니다.

"지금 명나라를 치는 것은 안 됩니다. 네 가지 이유를 말씀드리겠습니다. 첫째, 작은 나라가 큰 나라와 맞서면 안 됩니다. 둘째, 농번기인 여름에 군사를 일으키면 안 됩니다. 셋째, 많은 군대가 북쪽으로 가면 왜구가 그 틈을 노려 남쪽 바닷가를 휩쓸 겁니다. 넷째, 장마철에는 활을 제대로 쏠 수 없고 전염병이 돌 수 있습니다."

그러나 이성계의 상소를 받은 우왕과 최영은 끄떡도 하지 않았습니다. 오히려 이성계를 꾸짖으며 앞장서서 요동 정벌군을 이끌라고 호통을 쳤지요. 그리하여 이성계는 어쩔 수 없이 4만 명의 대군을 이끌고 북쪽으로 출발해야 했습니다. 본래는 최영이 직접 이성계, 조민수 등의 장군들을 이끌고 요동 정벌에 나서려 했지만, 혼자 남는 게 두려웠던 우왕의 요청으로 뒤에 남기로 했습니다.

1388년 5월 22일 이성계와 조민수가 이끄는 고려군은 위화도에 이르렀습니다. 이제 압록강만 건너면 명나라 땅인 요

위화도

평안북도 신의주시 상단리와 하단리에 딸린 섬. 면적 11.2평방킬로미터. 고려 시대에는 대마도(大麻島)라 불렸고, 군사적으로 매우 중요한 곳이었다.

동으로 들어가는 겁니다. 과연 고려가 명나라와 싸워 이길
수 있을까요? 백전불굴의 명장인 이성계도 도저히 자신이 없
었습니다. 장마철을 맞아 폭우가 쏟아져 내려 이미 많은 군
사들이 강물에 휩쓸려 희생되기까지 했습니다.

이성계는 거듭 개경으로 전령을 보내 상황이 좋지 않으니
다시 생각해 달라고 요청했습니다. 그러나 최영은 불같이 화
를 내며 한번 내린 결정을 뒤집으려 하지 않았습니다. 이성계
는 고심에 고심을 거듭하다가 조민수와 마주 앉아 심각하게
사태를 논의했습니다. 그리고 이성계는 결단을 내렸습니다.

"군대를 돌립시다!"

아, 위화도에 주둔한 고려군은 압록강을 건너기는 건너되
요동 쪽으로 건너는 것이 아니었습니다. 4만 명의 대군은 기
수를 남쪽으로 돌려 고려 땅을 향해 굽이치는 강물을 건너
기 시작했습니다. 이성계와 조민수는 무리한 작전에 화가 난
병력을 이끌고 개경으로 쳐들어갔습니다. 이성계가 돌아올
거라고는 생각도 못하고 있었던 최영은 이성계의 대군을 막
아 낼 수 없었습니다. 이성계는 대선배인 최영을 잡아서 잘
못을 추궁했습니다. 그리고 그릇된 결정을 내려 고려를 어렵
게 만들었다는 죄를 물어 최영을 경기도 고양으로 유배 보냈
습니다. 강직한 애국자였던 최영은 끝내 유배지에서 처형당
하고 말았습니다. 전해지는 말에 따르면 최영은 죽어 가면서
이렇게 말했다고 합니다.

○ **최영 장군묘와 문석인**
경기도 고양시 덕양구 대자동
대자산 기슭에 있는 최영 장군
부부 묘 앞에 있는 문인상.

"내가 털끝 만큼이라도 남에게 잘못한 것이 있으면 내 무덤에 풀이 나고, 내가 결백하면 풀이 나지 않을 것이다!"

진짜 그 말대로 최영 장군의 무덤에는 풀 한 포기 자라지 않았다고 합니다.

이성계는 우왕을 왕위에서 끌어내리고 창왕을 임금으로 세웠습니다. 그리고 이듬해인 1389년에는 창왕마저 없애고 공양왕을 새 임금으로 올렸습니다. 이제 고려는 이성계와 그를 지지하는 세력의 세상이 되었답니다.

고려의 최후

이제 고려의 권력은 이성계와 신흥 사대부들의 손에 들어갔습니다. 드디어 신흥 사대부가 마음껏 개혁 정치를 펼칠 수 있는 시대가 된 것입니다. 권문세족이 망친 나라를 개혁하기 위해 가장 서둘러야 했던 것이 땅의 개혁이었습니다. 권문세족은 온갖 부정한 방법으로 농장農庄을 넓혀 나라에 세금을 내지 않고 수많은 백성을 노비로 삼고 있었기 때문이지요.

이성계는 개인들이 갖고 있는 토지를 개혁하겠다고 선포했습니다. 정도전과 조준 같은 신흥 사대부들이 구체적인 개혁

방법을 연구했지요. 1390년에는 개경 거리에서 권문세족이 가지고 있던 토지 문서들을 빼앗아 불살라 버렸습니다. 이제 권문세족은 자기들이 갖고 있던 농장에 대해 어떤 권리도 주장할 수 없게 되었습니다.

그리고 이듬해인 1391년 드디어 과전법이라는 새로운 토지 제도가 선을 보였습니다. 과전법은 전국의 모든 땅을 나라의 땅으로 정해 놓고 정부 각 기관과 벼슬아치들에게 나눠 주는 제도였습니다. 이제 권문세족이라고 해서 함부로 남의 땅을 빼앗거나 마음껏 땅을 넓힐 수 없게 된 것입니다.

그런데 이렇게 토지 제도를 고쳐서 권문세족들을 꼼짝 못하게 하고 나자, 이번에는 신흥 사대부들끼리 갈라져서 싸우게 되었습니다. 신흥 사대부 가운데 정도전 같은 분은 토지 제도를 바꾼 김에 아예 고려를 없애고 새 나라를 세우자고 주장했습니다. 새 나라를 세우게 되면 임금이 될 사람으로는 이성계를 추천했지요. 하지만 정몽주 같은 신흥 사대부는 토지 개혁에는 찬성하지만 나라를 바꾸는 것은 절대로 인정할 수 없다는 태도를 보였습니다.

'하늘 아래 두 태양을 섬기는 일은 있을 수 없어!'

정몽주는 이렇게 혼잣말을 하며 어떤 일이 있어도 이성계가 왕이 되는 날이 오지 않도록 하겠다고 다짐하고 또 다짐했습니다.

정몽주와 정도전은 다섯 살 터울의 성리학자이고 신흥 사대부였습니다. 권문세족을 공격하고 고려 사회를 개혁하는데는 힘을 합쳤던 두 사람이 새 나라를 열 것인가 하는 문제를 놓고 갈라선 것입니다. 정몽주는 평소 아끼던 후배 정도전을 찾아가서 이렇게 따졌습니다.

"성리학을 공부한 학자가 어찌 왕조에 대한 의리를 저버리려 하는가? 권문세족을 몰아내고 개혁하면 고려 사회는 얼마든지 새롭게 거듭날 수 있네."

하지만 정도전은 고개를 가로저었습니다.

"맹자도 임금의 천명이 다하면 성씨가 다른 임금을 세울수 있다고 하지 않았습니까? 고려는 천명이 다했어요. 저하고 뜻을 같이하십시다."

정도전을 설득하지 못한 정몽주는 고려 왕조를 구하기 위해 결단을 내려야 한다고 생각했습니다. 그래서 이성계와 그세력을 공격할 틈을 노렸지요. 그러던 어느 날, 이성계가 명나라에서 돌아오는 세자를 마중하러 갔다가 말에서 떨어지는 사고가 생겼습니다. 그 바람에 이성계는 바로 개경으로 돌아오지 못하고 지금의 황해도 황주에서 드러눕고 말았습니다. 정몽주는 자신이 노리던 기회가 왔다고 생각했습니다.

'때가 왔다. 이성계가 없을 때 개경에 있는 그 세력들을 모조리 없애야 고려를 구할 수 있다.'

정몽주의 계획은 곧 이성계 쪽 사람들에게 알려졌습니다. 이성계의 아들 가운데 가장 열심히 아버지 일을 돕던 이방

원은 부랴부랴 아버지에게 사람을 보냈
습니다.

"아버님, 서둘러 일어나서 돌아오십
시오. 정몽주의 움직임이 심상치 않습
니다."

그러자 이성계는 다리를 절면서 서둘
러 개경으로 돌아가 자리를 잡았습니
다. 이성계가 개경에 없는 틈을 노리던
정몽주는 계획을 마무리 짓지 못하게
되었지요.

이제 정몽주의 속셈을 똑똑히 알게
된 이방원은 정몽주를 없애려 했습니
다. 하지만 이성계는 이방원이 그렇게
하는 것을 허락하지 않았습니다. 정몽

주의 사람됨과 학식을 너무나 좋아해서 어떻게 해서든 자기
편으로 끌어들이고 싶었던 겁니다.

이성계가 앓아누운 것을 알고 있던 정몽주는 이성계 집
안의 형편도 살필 겸 이성계의 문병을 갔습니다. 이성계를
위로하고 난 정몽주는 잠시 시간을 내어 이방원의 방에서
이방원과 차를 마시게 되었습니다. 그때 이방원은 정몽주
앞에서 시조 한 수를 읊었지요.

이런들 어떠하며 저런들 어떠하리.

만수산 드렁칡이 얽어진들 그 어떠리.

우리도 이같이 얽어져 백 년까지 누리리라.

이 시조는 공연히 이성계가 왕이 되는 걸 방해하지 말고 사이좋게 함께 잘살자는 내용을 담고 있습니다. 은근히 정몽주의 마음을 떠본 것이었죠. 하지만 정몽주는 이방원의 시조에 대한 답으로 다음과 같은 시조를 읊었습니다.

이 몸이 죽고 죽어 일백 번 고쳐 죽어

백골이 진토 되어 넋이라도 있고 없고

임 향한 일편단심이야 가실 줄이 있으랴.

❍ 선죽교
개성시 선죽동에 있는 고려 시대의 돌다리. 아직도 정몽주의 혈흔이 남아 있는 것으로 알려져 있다.

정몽주 자신이 죽는 한이 있어도 고려에 대한 충성심은 변하지 않을 거라는 노래였습니다. 이 노래를 듣고 이방원은 정몽주가 결코 자기들 편이 되지 않으리라는 것을 확신하게 되었습니다.

그날 집으로 돌아가던 정몽주는 선죽교라는 다리를 건너다가 괴한이 휘두른 철퇴를 맞고 쓰러져 죽었습니다. 그 괴한은 바로 이방원이 보낸 조영규라는 부하였습니다. 아버지 이성계는 정몽주

○ **만월대**

개성시 송악산에 있는 고려
시대의 궁궐터. 919년(태조 2)
창건되어 1361년(공민왕 10)
홍건적의 침입으로 불타 버릴
때까지 고려의 정궁으로
사용되었다.

를 자기들 편으로 끌어들이라고 부탁했지만, 이방원은 정몽
주의 노래를 듣고 난 다음에 결심을 하고 일을 저지른 것입
니다.

　이제 이성계가 왕이 되는 것을 막을 사람은 아무도 남아
있지 않았습니다. 모든 준비를 마친 혁명 세력은 1392년 7
월 공양왕을 끌어내리고 이성계를 왕의 자리에 올렸습니
다. 태조 왕건부터 공양왕에 이르기까지 서른네 명의 왕이
474년간 다스렸던 고려는 그렇게 막을 내렸습니다.

　토지를 둘러싸고 벌어졌던 권문세족과 신흥 사대부의 싸
움은 권문세족이 몰락하고 신흥 사대부가 승리하면서 고려
왕조마저도 무너지는 것으로 막을 내렸습니다. 이제부터 이
땅에서는 새로운 나라 조선의 역사가 펼쳐지게 됩니다. 이처
럼 고려에서 조선으로 가는 역사적 대사건은 바로 요농 정벌
에 나섰던 이성계가 위화도에서 4만 대군을 돌리면서 시작되
었다는 것, 잊지 마십시오.

08

삼전도의 굴욕과 북벌의 꿈

달려라 *강홍립!*
달려라 변급!

1619년(광해군 11) 압록강을 건너 요동으로 향하는 군대가 있습니다. 강홍립 장군이 이끄는 1만 3000명의 조선군입니다. 그들은 요동의 중심인 요양으로 가서 여진족 대군과 운명을 건 싸움을 벌일 예정입니다. 그것은 20여 년 전 임진왜란 때 우리를 도와준 명나라의 요청에 따라 어쩔 수 없이 벌이게 되는 싸움이었습니다.

그리고 35년이 지난 1654년(효종 5)에는 약 150명의 조선군 부대가 두만강을 건너고 있습니다. 이번에는 지난날의 적이었던 여진족의 청나라가 부탁을 해서 그들을 위해 러시아 군과 싸우기 위해 쑹화 강으로 가는 겁니다.

그들은 왜 이역만리 만주 땅에서 목숨을 잃을 지도 모르는 위험한 전투에 참여해야 했을까요? 그들의 대장정에 함께하면서 그 이유를 알아보기로 하겠습니다.

✤ 중국과 러시아의 국경을 이루는 우수리 강

요동

요동에서 닝안까지

하얼빈

쑹화강

영고탑_닝안

지린

블라디보스토크

창춘

싸얼후_부차령

심양 고궁

허투아라

요동

안산   심하

신의주

평양

황 해

동 해

헤이룽강

우수리강

압록강

압록강과 두만강을 중심으로 북쪽 국경선이 정해진 것은

조선 제4대 세종 때의 일입니다. 압록강 이남은 고려 때부터 우리 땅이었지만

지세가 험한 두만강 일대는 여진족과 우리 사이에 경계가 불분명했습니다. 그

런데 세종이 사군과 육진을 개척하면서 조선의 강역을 거의 다 확정했던

것입니다. 이제 그 두 강을 건너 조선 역사상 가장 길고 험한 원정이

시작됩니다. 달갑지만은 않았던 원정 길에 동참해 그 내력을 살펴보도록

합시다.

명분인가 생존인가

|

1392년 이성계가 건국한 뒤 조선은 200년 동안 큰 전쟁을 겪지 않고 태평성대를 보냈습니다. 그러다가 1592년 바다 건너 일본이 대군을 일으켜 쳐들어오는 바람에 일찍이 겪어 보지 못한 대전쟁에 휘말렸습니다. 준비된 침략군의 진격에 조선군은 속수무책으로 밀려 임금인 선조가 압록강변 의주까지 피란을 떠나는 처지에 놓이고 말았지요. 바로 그때 중국의 명나라가 5만 명이 넘는 지원군을 보내 일본군을 격퇴하는 데 힘을 보태 주었습니다.

선조와 조선의 사대부들은 이러한 명나라의 은혜를 '재조지은再造之恩'이라 부르며 황송해 했습니다. 나라를 다시 일으켜 준 은혜라는 뜻입니다.

그런데 재조지은을 갚을 기회는 너무나 빨리 찾아왔습니다. 그것도 조선이 전쟁의 상처에서 벗어나지 못하고 허덕이던 1618년에 말입니다. 당시 조선 북쪽의 정세는 급박하게 돌아가고 있었습니다. 조선과 명나라가 일본 침략군과 싸우느라 진을 빼고 있는 동안 만주의 여진족은 서서히 기지개를 켜고 있었습니다. 누르하치가 이끄는 여진족은 날로 세력이 커져서 1616년에는 후금後金이라는 왕조를 세우고 누르하치를 칸으로 추대했습니다. 후금은 옛날 여진족의 조상이 세웠던 금나라를 계승한 나라라는 뜻입니다.

○ **허투아라 고성**
랴오닝 성 선양 시의 동쪽
120킬로미터 지점에 있는
옛 성터. 1616년 누르하치가
여기서 후금을 건국했다.
지금은 싱징라오청
(興京老城)으로 불린다.

　옛 고구려의 첫 번째 도성인 오녀산성으로부터 서북쪽으로 약 80킬로미터 떨어진 곳에 허투아라라는 고성^{古城}이 있습니다. 누르하치는 바로 이곳을 후금의 수도로 삼고 서쪽으로 명나라를 압박하고 있었습니다. 요동의 중심인 요양과 심양^{지금의 선양}은 바로 이곳 허투아라로부터 약 150킬로미터밖에 떨어져 있지 않습니다.

　임진왜란 때 지원군을 보내 주었던 명나라의 만력제는 조선 국왕인 광해군에게 사신을 보냈습니다.

　"오랑캐가 명나라 땅을 어지럽히고 있으니 용서할 수 없노라. 장차 이들을 혼내 주려 하니 조선도 지원병을 보내 돕도록 하라."

　광해군은 고민에 빠졌습니다. 후금을 세운 여진족은 옛날 고구려와 발해에 복종하던 말갈족의 후예입니다. 고려 내에는 금나라를 세우기 전만 해도 고려를 부모의 나라로 모셨습니다. 하지만 지금의 후금은 그런 옛날의 여진족이 아닙니다. 함부로 군대를 보내 싸웠다가 원수지간이 되면 그 뒷감당을 할 수 없을지도 모릅니다. 하지만 임진왜란 때 도와준 명나라의 요청을 거부할 수도 없었습니다.

장고를 거듭한 광해군은 일단 강홍립을 도원수로 삼아 명나라에 지원군을 보내기로 결정했습니다. 그것은 어쩔 수 없는 일이었습니다. 하지만 1만 3000명의 군사들을 이끌고 출진하는 강홍립은 광해군의 비밀 지시를 받아 들고 있었습니다. 그것은 전장의 형세를 보아 판단하라는 아주 은밀한 지시였습니다. 경우에 따라 후금의 군대가 너무 강하면 무리하게 조선의 군사들을 죽음으로 몰아넣지 말고 항복하라는 뜻으로 해석될 수도 있었지요.

강홍립과 김응하, 김원복 등이 이끄는 조선의 정예 병력은 압록강을 건너 북쪽으로 150여 킬로미터 올라간 지점의 심하深河라는 곳에서 후금 군대와 맞닥뜨렸습니다. 큰 전쟁을 겪으면서 단련된 조선의 군대는 명나라 군대와 힘을 합쳐 후금군을 맹렬히 몰아붙인 끝에 승리를 거두었습니다. 조선의 장병들은 여진족쯤 문제없다는 자신감에 차올랐습니다.

그러나 다음 번 전투인 싸얼후 싸움에서 유정이 이끄는 명나라 군대 3만

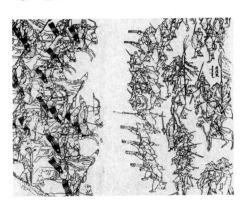

◆ 싸얼후 전투
명과 후금이 싸얼후 산에서 벌인 전투를 가리킨다. 후금군(왼쪽)은 화살을, 명군은 총포를 들고 있으나 전투는 후금군의 대승으로 끝났다.

명은 전멸하고 말았습니다. 그것은 유정의 작전이 실패한 데에도 원인이 있었습니다. 싸얼후는 허투아라에서 심양으로 가는 길목에 있는 전략적 요충지였습니다. 그런 곳을 작전 실패로 잃은 유정은 칼로 자신의 목을 베어 자결했습니다. 피해는 명나라 군대만 당한 것이 아니었습니다. 강홍립을 따르던 김응하 장군과 김원복 장군도 3000명의 군사를 지휘하며 끝까지 싸우다 장렬히 전사했습니다.

조선을 위해 조선에 등을 돌리다

살아남은 강홍립은 심각한 고민에 빠졌습니다. 싸얼후 전투의 양상을 보아 후금 군대와 정면으로 맞서 싸우는 것은 전멸을 자초하는 일이었습니다. 강홍립은 부원수인 김경서 장군을 설득해 후금에 항복하는 길을 택하기로 했습니다.

"주상께서 사태를 보아 가며 행동하라고 하셨소. 명나라 군대마저 전멸한 지금 더 이상 후금에 저항하는 것은 의미가 없소."

김경서 장군은 마땅치 않았지만 상관인 강홍립의 결정에 따르기로 했습니다. 강홍립은 누르하치에게 편지를 보냈습니다.

"우리는 임진왜란 때 명나라의 도움을 받았기에 어쩔 수 없이 군대를 이끌고 온 것이오. 당신들과 싸울 생각은 없소."

누르하치는 이 편지를 받고 흡족한 듯 너털웃음을 지으며 일갈했다고 합니다.

"조선의 임금은 세상의 이치를 잘 아는 사람이군!"

그리하여 강홍립과 김경서는 살아남은 군사들을 이끌고 후금군에 항복했습니다. 강홍립 장군과 조선 군대는 후금의 서울 허투아라에 억류되었지요. 후금군은 항복한 조선 군대는 조선으로 돌려보내 주겠지만 강홍립과 김경서는 남겨 두겠다고 통보했습니다. 조선이 명나라를 돕지 않고 후금과 적대하지 않겠다는 보증을 위한 인질이었지요.

강홍립은 광해군의 비밀 지시를 충실하게 이행할 생각이었지만, 김경서는 명나라에 대한 의리를 생각해 최대한 후금을 괴롭히는 게 자신의 임무라고 생각했습니다. 그는 허투아라에 잡혀 와서 보고 들은 정보들을 종이에 빼곡히 적어 고국으로 돌아가는 군사에게 몰래 넘겨주었어요. 그러나 강홍립

○ 허투아라의 뜰

은 이러한 김경서의 행동이 매우 위험하다고 생각했습니다. 만약 조선의 대신들이 김경서의 편지를 보고 다시 군사를 일으키거나 명나라와 내통이라도 하다가 누르하치가 알게 되면 이 강대한 후금과 조선 사이는 돌이킬 수 없이 나빠질 게 틀림없었으니까요.

그래서 강홍립은 김경서가 위험한 짓을 하고 있다고 알리는 편지를 적어 누르하치에게 보냈습니다. 누르하치는 즉각 김경서를 체포해 첩자 혐의로 처형했습니다. 이역만리에서 형장의 이슬로 사라지게 된 김경서는 얼마나 강홍립을 원망했을까요? 강홍립은 과연 그렇게 할 수밖에 없었을까요? 아마도 다른 방법으로는 김경서의 행동을 말릴 수가 없어 광해군과 조선의 사직을 위해 어쩔 수 없다고 생각했겠지요. 아무튼 당시 강홍립과 김경서의 처지를 생각해 보면 명나라와 후금이라는 강대국 사이에 낀 조선의 운명이 안타깝기 짝이 없습니다.

강홍립은 후금이라는 신흥 강대국과 화평을 유지하기 위한 희생양으로 허투아라에서 오랜 세월을 지내야 했습니다. 그러는 동안 광해군은 전쟁을 막기 위한 현실적인 외교 정책을 쓰면서 명나라와 후금 사이에서 균형을 잡기 위해 애를 썼어요.

명나라는 광해군의 그러한 균형 외교가 섭섭할 수는 있었겠지만, 명나라를 위한 지원군을 보냈다가 많은 병력을 잃고 장수가 포로까지 되었으니 조선더러 뭐라고 할 처지는 아니었지요. 게다가 조선군이 그렇게 된 것은 명나라 지휘관 유정이 작전에 실패한 탓이었잖아요? 또한 후금의 누르하치는 광해군의 현실적인 노선에 대해 만족감을 표하고 있었지요.

강홍립은 어서 명나라와 후금 사이에 결판이 나서 고국으로 돌아갈 날만 기다리고 있었습니다. 그러나 운명은 강홍립의 편이 아니었습니다. 그가 허투아라에 억류된 지 4년 만에 조선에서는 정변이 일어나 광해군이 임금 자리에서 쫓겨난 것입니다.

광해군을 몰아내고 그의 조카인 능양군^{훗날의 인조}을 왕으로 옹립한 것은 이서, 이괄, 최명길 등 서인 세력이었습니다. 그들은 광해군이 왕권을 위협할 수도 있다는 이유로 형인 임해군, 이복동생인 영창대군을 죽이고 영창대군의 어머니 인목대비를 서궁^{지금의 덕수궁}에 유폐한 패륜을 문제 삼아 반정^{反正}에 나섰습니다. 또 광해군이 왕권을 강화하겠다면서 궁궐을 크게 보수하고 새로 짓는 등 국고를 낭비한 것도 문제 삼았습니다.

서인들은 또한 광해군의 이른바 균형 외교에도 상당한 불만을 갖고 있었습니다. 유교의 나라 조선은 처음부터 유교의 종주국인 중국의 명나라를 큰 나라로 받들어 왔는데, 광해군이 이를 지키지 않고 오랑캐인 후금과 적극적으로 싸우려 들지 않는 것은 큰 잘못이라는 것이었습니다. 명나라의 재조지은을 어기고 의리를 저버린 광해군은 용서받을 수 없다는

◎ **덕수궁 중화전**
광해군이 인목대비를 폐서인하고
가두어 두었던 서궁은 바로 이곳
덕수궁이었다.

것이 그들의 기본적인 생각이었지요.

새로 왕위에 오른 인조는 광해군의 외교 정책을 버리고 후
금을 오랑캐로 배척하는 정책을 펼쳤어요. 조선이 이렇게 나
오는 것은 명나라와 싸워야 하는 후금에게는 큰 부담이었습
니다. 서쪽으로 진출해 명나라를 쳐야 하는데 남쪽에서 조선
이 신경을 건드리고 있으면 이러지도 저러지도 못하는 처지
가 될 가능성이 많았습니다. 그래서 후금은 조선을 먼저 공
격해서 무릎 꿇려 놓겠다는 결정을 내립니다. 광해군이 가장
두려워하던 사태가 벌어진 것이지요. 그것은 또한 강홍립이
가장 두려워하던 사태이기도 했습니다.

1627년 후금은 자신들에게 우호적이던 광해군을 내쫓은
인조 정권을 응징하겠다며 군대를 일으켰습니다. 그해기 정
묘년이었으므로 이 전쟁을 정묘호란이라고 부릅니다. 노도

와 같이 압록강을 건너 밀고 내려오는 후금군의 맨 앞에는 강홍립이 있었습니다. 전쟁을 막기 위해 후금의 포로가 된 강홍립이 침략군의 앞잡이가 되어 내려온 것입니다. 인조는 무서운 후금군의 기세를 피해 강화도로 피란을 떠나 버렸습니다. 후금은 서울을 점령하고 인조에게 어서 육지로 나오라고 채근했습니다. 13세기 고려가 몽골 제국의 침략을 받았을 때와 똑같은 장면이 벌어진 것입니다.

바로 이때 조선과 후금 사이를 중재한 사람이 강홍립입니다. 그는 양쪽을 다 아는 처지에서 두 진영을 오가며 화해를 모색했습니다. 그리하여 후금과 조선은 화의를 맺고 후금이 형, 조선이 동생이 되는 맹약을 맺었습니다. 조선은 이런 치욕을 감내하는 대신 명나라와 완전히 관계를 끊는 것만은 피할 수 있었습니다.

이렇게 조선의 조정에 재갈을 물려 놓은 후금군은 유유히 만주로 돌아갔습니다. 그러나 강홍립은 남았습니다. 그는 정묘호란이 파국으로 가는 것을 막은 공신이었지만 서인 일색의 조정에서는 결코 환영받지 못하는 존재였습니다. 환영받기는커녕 모두로부터 오랑캐에게 항복한 배신자 취급만 받으며 외로운 나날을 보내다 쓸쓸히 죽어 갔습니다. 광해군과 강홍립은 나름대로 조선의 안위를 위해 현실적인

○ 광해군 묘
경기도 남양주시 진건면 송릉리에 있는 광해군과 그 부인 문화 유씨의 묘소. 광해군은 유배지인 제주도에서 죽어 그곳에 묻혔다가 이곳으로 옮겨졌다.

선택을 한 것뿐인데, 의리와 명분을 중요하게 여기는 서인 정권으로부터는 패륜의 군주, 배신자라는 낙인이 찍힌 채 불우한 말년을 지냈습니다. 새삼 약소국에서 산다는 것이 얼마나 어려운 일인지 되돌아보게 만드는 일이 아닐 수 없습니다.

삼전도의 치욕

한 번 조선을 침공해 우월한 지위에서 맹약을 체결한 후금은 그 후로도 계속해서 조선을 경계하고 괴롭혔습니다. 조선에 엄청난 재물과 여자를 요구하곤 했습니다. 그러더니 1636년^{병자년}에는 나라 이름을 청^淸으로 바꾸고 누르하치의 아들인 홍타이지가 황제 자리에 올랐습니다. 그때 청은 조선에게 신하의 나라가 될 것을 강요했습니다. 정묘호란 이후 형과 동생의 나라로 관계를 정했는데, 이제는 과거 명나라에 했던 것처럼 신하의 나라로서 예를 갖추고 인조가 홍타이지^{청 태종}의 제후가 될 것을 요구해 온 것입니다.

안 그래도 정묘호란 이후 후금 사신들의 오만한 태도와 과중한 공물 요구

○ 누르하치

여진족 추장으로 여진족의 여러 부족을 차례로 통합해 후금을 세웠다. 훗날 청 태조로 추존되었다.

에 치를 떨던 조선의 사대부들은 분노했습니다. 오랑캐 나라를 형님으로 모시는 것만 해도 분통이 터질 노릇인데 천자 대접을 해 달라니, 차라리 전쟁을 하자고 길길이 뛰었습니다. 그러나 조선이 실제로 청나라와 전쟁을 벌여서 이긴다는 보장은 없었습니다. 처음부터 정묘호란이 일어나지 않도록 지혜를 발휘했어야 하는데 너무 늦었습니다.

그해 12월 청 태종은 군대를 보내 다시 한 번 조선의 산하를 유린했습니다. 병자호란입니다. 인조는 정묘호란 때처럼 강화도로 피란을 떠나려 했지만, 청군이 너무나도 빨리 내려와 길을 막았기 때문에 그럴 수도 없었습니다. 최명길이 다급하게 알아본 끝에 가까스로 남한산성으로 들어가 농성할 수는 있었지요. 청군은 남한산성을 포위한 채 항복을 요구했고, 인조는 팔도에서 의병이 일어나 청군을 물리쳐 주기를 간절히 바랐습니다. 그러나 임진왜란 때와 같은 의병의 열기

○ **남한산성**
경기도 광주시 중부면 산성리 남한산에 있는 산성. 사적 제57호이고 유네스코 세계문화유산으로도 등재되었다.

는 찾아보기 어려웠습니다.

결국 이듬해 1월, 인조는 남한산성을 나가 항복하기로 결정했습니다. 심양으로 옮겨 간 황궁에서 소식을 기다리던 청 태종은 몸소 항복을 받기 위해 먼 길을 달려왔습니다. 인조는 지금의 서울 잠실에 있는 삼전도에서 청의 전통적인 예법에 따라 청 태종 앞에서 삼궤구고두례三跪九叩頭禮를 행하는 항복 의례를 치렀습니다. 세 번 무릎을 꿇고 그때마다 세 번씩 엎드려 절하는 힘든 의례입니다. 일국의 군왕이 치르기에는 너무나도 치욕적인 의례였지요.

이제 조선은 정식으로 명과 관계를 끊고 청을 천자의 나라로 모시는 제후국이 되었습니다. 소중화를 자부하던 조선이 스스로 오랑캐의 나라로 멸시하던 청의 신하가 된 것입니다. 인조는 청군의 호위를 받으며 창덕궁으로 돌아가고, 소현세자와 봉림대군 등 왕자들과 홍익한, 윤집, 오달제 등 항복에 반대하던 신하들이 심양으로 끌려갔습니다.

병자호란이 끝나고 7년 만에 명나라가 망하고 청나라가 중국의 주인이 되었습니다. 조선은 청나라 중심의 동아시아에서 비교적 높은 지위를 부여받았지만, 그래 봤자 오랑캐로 여기는 나라의 제후국이었습니다. 인조는 오랑캐의 우두머리에게 무릎을 꿇은 왕이라는 치욕을 한으로 간직한 채 세상을 떠나고, 심양으로 끌려가 온갖 고초를 겪은 봉림대군이 왕위에 올랐습니다. 그가 북벌 정책으로 유명한 효종입니다.

○ **삼전도비**
서울 송파구에 있는 청 태종 송덕비. 인조가 항복한 것을 기념하기 위해 청 태종이 세운 비석. 높이 395센티미터, 너비 140센티미터. 몽골어, 만주어, 한문으로 각각 똑같은 내용을 담았다.

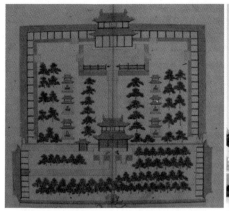

○ **심양관과 심양 고궁**
소현세자가 머물던 심양관을
후대에 그린 그림(왼쪽)과 청의
초기 수도였던 심양(선양)의
옛 궁궐.

조선 역사상 가장 멀리 간 원정군

효종은 오랑캐에게 당한 원수를 갚고 치욕을 씻는다는 '복수설치復讐雪恥'를 기치로 내걸고 전쟁을 준비했습니다. 훈련대장 이완을 발탁해 요동으로 쳐들어갈 군사들을 훈련시키고, 임진왜란 때 일본군의 신무기로 우리를 괴롭혔던 조총을 대량 제작하고 포르투갈에서 들어온 불랑기포佛狼機砲 등 새로운 화포를 개발하는 데 박차를 가했습니다.

지금도 한국인은 활과 총을 잘 쏘는 민족으로 널리 알려져 있습니다. 양궁에서는 남녀 모두 세계 최정상의 기량을 뽐내고 있고, 사격 역시 올림픽의 메달박스로 정평이 나 있습니다. 조선 시대에도 마찬가지였습니다. 활은 예로부터 잘 쏘았지만, 임진왜란 때 조총에 호되게 당한 경험이 있어 열심히 조총 사격술을 연마한 결과 사격에서도 탁월한 실력을 가

서울　　남한산성　　압록강　　심하

진 병사들을 양성할 수 있었습니다.

조선 사람들 사이에는 오랑캐가 중국을 한번 점령하면 백 년이 못 가 쫓겨난다는 속설이 널리 퍼져 있었습니다. 아마도 원나라가 중국을 점령한 지 백 년이 안 가 망한 것을 보고 생겨난 말이 아닐까 싶습니다. 그래서 청나라도 얼마 못 가 힘을 잃고 명나라를 부활시키려는 세력에게 밀려날 것이라는 믿음을 많은 사람들이 갖고 있었습니다. 효종도 그런 날을 앞당기기 위해 명나라 부흥 세력과 힘을 합쳐 청나라를 공격하겠다는 생각을 가지고 있었을 것입니다.

효종이 복수를 꿈꾸며 북벌 준비를 하던 1653년^{효종 4} 엉뚱한 방향에서 북벌군을 시험할 기회가 생겼습니다. 조선군이 맞서 싸워야 할 청나라 군대가 조선에 지원군을 요청해 온 것입니다. 상대는 따뜻한 남쪽 땅을 얻으려고 내려오던 러시아 군이었습니다. 어떻게 된 일일까요?

청나라가 중원을 점령한 지 채 10년도 되지 않은 1651년, 러시아 인이 헤이룽 강 일대에 진출해 모피 등을 채취하다가 청나라 백성과 충돌하는 일이 일어났습니다. 당시 러시아는 모피를 대량 확보해 엄청난 무역 이익을 독차지할 생각으로 우랄 산맥을 넘어 태평양 쪽을 향해 빠른 속도로 이동해 왔습니다. 그들은 먼저 헤이룽 강 오른쪽 알바진 하구에 성을 쌓고 그곳을 근거지로 삼아 광범위하게 모피를 수집했습니다.

그러는 사이에 부근에 살던 청나라의 수렵민과 분쟁이 생기고 곧 청나라군과도 충돌하게 되었던 것입니다. 러시아 사람들은 이듬해인 1652년 다시 우수리 강 하구로 내려가 성을 쌓고 재차 쑹화 강 일대로 활동 범위를 넓혔습니다. 그러자 청나라는 영고탑寧古塔. 지금의 중국 헤이룽장 성 닝안 시에 주둔하고 있는 군사를 보내 이들을 쫓아내려고 했지요. 그러나 구식 장비를 가진 청나라군은 최신 총포로 무장한 러시아 군을 당할 길이 없었습니다. 청나라군은 우수리 강과 헤이룽 강이 만나는 하바롭스크 부근에서 러시아 군과 격돌했지만, 작전 미숙과 화력의 열세로 크게 패하고 말았습니다. 당대 최고의 기마 군단을 자랑하던 청군이 패한 것은 전쟁의 주력이 기마병에서 총포병으로 이동하고 있던 사실을 상징적으로 보여주는 사건이었습니다.

청나라는 1653년 영고탑 일대를 관할하는 관리에 사르후다를 임명하고, 러시아 군의 남하가 계속되자 이듬해 다시

◎ 요계관방지도
요동에서 북경 근처 계 지역에 이르기까지 성책, 장성 등의 상황을 그린 관방지도. 1706년(숙종 32)에 이이명이 제작해 숙종에게 바쳤다.

밍안다리에게 북경수비대를 이끌고 가 러시아 군을 격퇴하라는 명을 내렸습니다. 바로 이때 청나라는 러시아 군에게 밀리는 화력을 보강하기 위해 조선에 조총수 파병을 요구했던 것입니다.

복수의 대상인 청나라를 돕는 일이었지만 효종은 망설이지 않고 조총수 파견을 결정했습니다. 그동안 공들여 키운 조선의 정예 병사들이 실전에서 얼마나 쓸모가 있을지 시험해 볼 기회였기 때문입니다. 조정의 명을 받은 북병영 우후 변급邊岌은 100명의 조총수를 비롯해 깃발을 드는 기수旗手, 북을 치는 고수鼓手 등 총 150여 명을 이끌고 그해 3월 26일 두만강을 건넜습니다.

두만강에서 북쪽으로 약 300킬로미터 올라가면 영고탑이 나옵니다. 이곳에서 청나라 군사와 합류한 조선군은 배를 타고 무단 강을 따라 다시 북쪽으로 헤이룽 강을 향해 올라갔

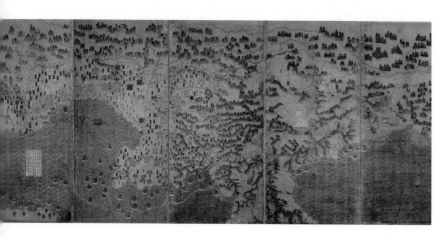

헤이룽 강

러시아 시베리아 남동부에서
발원해 중국 국경을 따라
동쪽으로 흘러가다 하바롭스크
부근에서 북동쪽으로 방향을
바꿔 오호츠크 해로 흘러든다.
러시아에서는 아무르 강,
몽골에서는 하라무렌(검은
강)으로 불린다. 길이
4350킬로미터로 세계에서
8번째로 긴 강이다.

습니다. 영고탑에서 헤이룽 강까지는 약 600킬로미터의 거리
가 있습니다. 변급이 이끄는 조선의 조총 부대는 아마도 조
선 역사상 가장 북쪽으로 원정을 떠난 군사들이었을 것입니
다. 아니, 어쩌면 우리 민족의 역사상 가장 북쪽까지 가서 전
투를 벌인 용사들일지도 모릅니다. 그 옛날 탁리국에서 부여
의 발상지인 창춘과 지린으로 달리던 동명보다도 더 먼 북쪽
땅에 발을 들여 놓는 것이니까요.

조선과 러시아의 첫 번째 전쟁

조선과 청나라의 연합군은 마침내 4월 28일 헤이룽 강으로
거슬러 올라오는 러시아 군과 맞닥뜨리게 되었습니다. 양군
은 바로 치열한 접전에 들어갔습니다. 변급의 보고에 따르면

당시 러시아 군은 큰 배 13척, 작은 배 26척에 400명이 채
안 되는 병력으로 구성되어 있었습니다. 반면 조청연합군은
큰 배 20척, 작은 배 140척에 조선군 152명과 청군 1000여
명을 싣고 있어 병력면에서는 우세했습니다.

　그러나 청나라의 배는 수만 많았지 러시아의 배에 비해 작
은 규모였지요. 화력에서 열세라고 생각한 변급은 수상전을

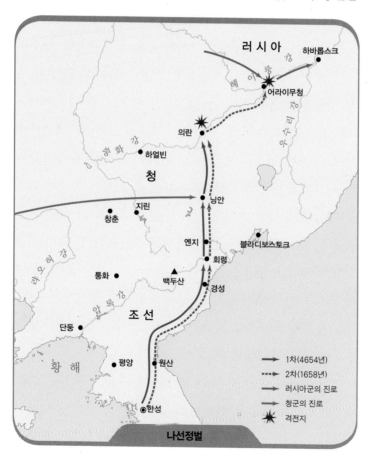

나선정벌

피하고 육지에서 러시아 군에게 사격을 가하는 전술을 택했습니다. 조선군은 육지에 버드나무로 만든 방패인 '유붕柳柵'을 세운 뒤 이를 방패 삼아 러시아 함선에 집중사격을 가했습니다. 이 새로운 전법에 러시아 군은 많은 부상자를 내고 헤이룽 강을 거슬러 도주했습니다. 꼬박 일주일 동안 접전을 벌이고 난 뒤인 5월 5일의 일이었습니다. 당시 조선군은 단 한 명의 사상자도 없었습니다.

변급의 조선군은 이처럼 혁혁한 공을 세우고 5월 16일 철수를 시작해 6월 21일 두만강을 건넜습니다. 약 80일에 걸친 정벌은 성공적으로 끝났습니다. 이 사건을 역사에서는 '나선정벌羅禪征伐'이라고 부릅니다. 당시 조선에서 러시아를 이르는 말이 '나선'이었거든요. 겨우 한 차례의 전투를 벌인 것을 가지고 '정벌'이라고 하는 것은 좀 과장된 측면이 있기는 합니다. 그러나 최고의 기마 군단을 자랑하던 청나라 군사도 못 당하던 러시아 군을 격퇴한 것은 대단한 일이 아닐 수 없었습니다. 당시 조선군에게 혼이 난 러시아 군은 '큰 머리 병사'들이 두렵다는 말을 했다고 합니다. 벙거지인 전립戰笠을 쓴 조선의 군사를 가리키는 말이었지요. 개선 장군 변급은 이후 수군절도사를 역임하게 됩니다.

조선의 조총수들 덕을 톡톡히 본 청나라는 4년 뒤 다시 한 번 조선의 도움을 요청했습니다. 효종은 조금도 망설이지 않고 북병영 우후 신류申瀏에게 명해 200명의 조총수를

◐ 카자흐 기병대

러일전쟁 당시 맹활약하던
카자흐 기병대의 모습. 신류가
이끌던 조선의 조총 부대는 이런
용맹스러운 기병대를 포함한
러시아 군과 맞닥뜨려 승리를
거두었다.

이끌고 두만강을 건너게 했습니다. 기수, 고수 등과 더불어
260여 명에 이르는 조선의 용사들은 3개월분의 군량을 휴
대하고 5월 2일 두만강을 건넜습니다.

조청연합군은 6월 10일 쑹화 강과 헤이룽 강이 합류하는
지점에서 러시아 제독 스테파노프가 이끄는 함대와 만나
격전을 벌였습니다. 이 전투 역시 조선 조총수의 활약 덕분
에 일방적인 승리로 끝났습니다. 신류의 일기인 『북정록北征
錄』에 따르면, 조청연합군은 적선 11척이 헤이룽 강 한가운
데 닻을 내리고 있는 것을 보고 즉각 달려들었습니다. 숨
돌릴 겨를 없이 총탄과 화살을 퍼붓자 배 위에서 총을 쏘던
석병은 견디지 못하고 모두 배 속으로 들어가 숨거나, 배를

버리고 강가의 풀숲으로 도망쳤습니다. 이때 러시아 함대를 궤멸시킨 조선의 무기가 화전火箭이었습니다. 화약을 연료로 삼아 화살을 날려 보내는 일종의 로켓탄이었죠.

이 싸움은 러시아 군의 일방적인 패배였습니다. 11척의 선단 가운데 10척이 불타고 1척만 겨우 달아났지요. 스테파노프의 부하 페트릴로프스키의 기록에 따르면 제독 스테파노프와 카자흐 병사 270명이 전사했습니다. 러시아 황제인 차르에게 바칠 담비 가죽 3080장, 대포 6문, 화약, 납, 군기軍旗, 식량 등을 실은 배는 모두 침몰했습니다. 성상聖像을 실은 배 1척에 95명이 겨우 올라타 탈출했을 뿐입니다.

1차 나선정벌에 비해 규모가 크고 치열했던 전투였기에 조선군에서도 사상자가 발생했습니다. 사르후다는 신류에게 조선군 전사자를 화장하라고 권유했지만, 신류는 이를 거부하고 헤이룽 강 주변 약간 높은 언덕에 그들을 묻어 주었습니다. 그리고 이렇게 애도했답니다.

"아아! 멀리 이국 땅에 와 모래톱 속에 묻힌 몸이 되었으니 참으로 측은한 마음 이를 데가 없구나!"

사르후다는 러시아 군이 다시 쳐들어올 것을 우려해 이듬해 봄까지 주둔해 달라고 신류에게 요청했습니다. 하지만 신류는 이를 거부하고 그해 11월 18일 영고탑을 떠나 12월 12일 함경도 회령으로 귀국했습니다. 이것이 제2차 나선정벌입니다.

잇따른 정벌군의 성과에 효종은 무척 고무되었을 것입니다. 이 정도의 실력이라면 진짜 북벌이 이루어졌을 때 청나라군도 두렵지 않을 터였습니다. 그러나 효종은 그 뜻을 이루지 못하고 이듬해 세상을 떠나고 말았습니다. 그 후로도 조선에서는 북벌론이 그치지 않았지만 끝내 실행에 옮기지는 못했습니다. 청나라가 빠르게 안정을 찾아 가고 명나라를 부활시키려는 세력이 점점 진압되어 버렸기 때문입니다.

결국 '오랑캐' 청나라에 복수하기 위해 효종이 키운 군대는 또 다른 '오랑캐'인 러시아를 정벌해 청나라를 도와준 꼴이 되고 말았습니다. 하지만 이때 보여 준 조선 조총수들의 힘 때문에 청나라도 조선을 함부로 대할 수 없었을 것입니다. 그리하여 오랫동안 조선은 북쪽 국경을 안정시킨 상태에서 18세기의 번영을 누릴 수 있었습니다.

◐ **효종의 능을 지키는 무석인**
조선 제17대 왕인 효종의 무덤(영릉) 앞에 서 있는 무인 석상. 북벌을 꿈꾸던 효종의 능을 맡고 나선정벌에 나섰던 장수의 위용이 어려 있는 듯하다. 경기도 여주시 능서면 왕대리 산83-1번지에 있다.

09

을사늑약과 국권 회복의 꿈

달려라 안중근!

때는 1909년 10월, 대한제국의 운명이 경각에 달린 시기에 우리는 안중근이라는 젊은이를 중국 헤이룽장 성 하얼빈 시에서 만납니다. 러시아 연해주의 블라디보스토크에 머물며 일본의 침략에 항거할 방법을 모색하던 안중근은 곧 북서쪽 대각선 방향으로 약 600킬로미터 떨어진 하얼빈으로 향해 갈 것입니다.

하얼빈은 지금은 중국 영토지만 당시에는 러시아가 차지한 조차지(租借地)였습니다. 밤이면 영하 30도까지 떨어지는 동토 하얼빈. 그 하얼빈의 기차역을 향해 우리도 안중근을 따라 발걸음을 떼어 봅시다. 긴장하세요! 민족의 운명을 결정할 수도 있는 중대한 임무가 이 청년의 어깨 위에 놓여 있으니까요.

✿ 20세기 초 하얼빈 역 승강장(위)과 역전 거리

하얼빈

하얼빈

창춘

지린

송
화
강

1. 블라디보스토크에서 하얼빈까지

2. 하얼빈에서 뤼순까지

선양

안산

두
만
강

블라디보스토크

압
록
강

신의주

여순

황 해

평양

동 해

조선의 조총수들이 나선정벌에 나섰던 헤이룽 강변에서

남쪽으로 500킬로미터 정도 떨어진 곳에 블라디보스토크 항이 있습니다.

블라디보스토크는 한반도에서 가장 북쪽에 있는 함경북도 온성보다도

조금 더 북쪽에서 동해를 내려다보고 있는 항구입니다.

안중근은 이곳에서 곧 북서쪽 대각선 방향으로 약 600킬로미터 떨어진

러시아의 조차지 하얼빈으로 향해 갈 것입니다.

우리도 함께 출발해 볼까요?

안중근이 블라디보스토크에 간 까닭은?

1637년 인조가 청 태종에게 항복한 이래 조선은 청나라에 조공을 바치는 제후국으로 지냈습니다. 그 질서가 깨진 계기는 청나라가 일본에 패배한 1894년의 청일전쟁이었습니다. 이때 청나라는 사실상 조선의 종주국 지위를 잃고 일본은 만주와 한반도에서 자신들의 이익을 마음껏 추구했습니다.

그러자 러시아가 일본의 질주에 브레이크를 걸고 나섰습니다. 앞에서도 보았듯이 따뜻한 남쪽 나라로 진출하려는 러시아의 욕심은 청나라에 의해 좌절되었습니다. 여기에는 변급과 신류가 이끄는 조선의 조총수들도 한몫했지요. 그런데 19세기 들어 야금야금 헤이룽 강 남쪽으로 내려오던 러시아

○ **러일전쟁 중 뤼순 해전**
1904년 2월 8일 만주 뤼순 항에 정박하고 있던 러시아 제1태평양 함대를 일본의 구축함 편대가 공격하면서 러일전쟁이 시작되었다.

는 청나라가 일본에게 패배하자 만주와 한반도에 대해 노골적인 욕심을 드러내기 시작했습니다. 그리하여 일어난 것이 1904년의 러일전쟁입니다. 여기서도 일본은 보란 듯이 러시아를 거꾸러뜨리고 한국에 대한 침략을 본격화해 나갔습니다. 일본이 한국의 외교권을 빼앗은 1905년의 을사늑약은 그 결과였지요.

애국 청년 안중근은 바로 이 시기에

빼앗긴 국권을 되찾기 위한 활동을 시작합니다. 안중근은 본래 황해도 해주의 명문 대갓집에서 태어난 양반집 도련님이었습니다. 높은 신분을 타고난 까닭에 1894년 동학농민운동이 일어났을 때 안중근은 동학농민군을 진압하기 위한 토벌대에 가담하기도 했습니다. 훗날 대한민국 임시정부 주석을 지내는 김구가 당시 황해도 지역의 농민군에 가담한 것과 정반대의 길을 걸었지요.

당시 안중근의 토벌대와 김구의 농민군은 서로 대치하면서 여차하면 전투를 벌일 태세를 갖춘 적도 있었다고 합니다. 다행히 전투는 일어나지 않았고, 김구는 인품이 뛰어났던 안중근의 아버지가 배려해 준 덕분에 안중근의 집에서 숨어 지냈다고 합니다. 그때의 인연으로 김구는 중국에서 독

○ 19세기 말 해주 풍경
내미홀이라는 고구려 영토였고, 고려 때 '남쪽으로 큰 바다에 임해 있다'고 해서 해주로 바뀌었다. 해상 교통의 요지였으나 1906년 경의선 간선에서 멀어지면서 발전이 뒤지게 되었다.

립운동을 하는 동안 줄곧 안중근 의사의 유가족들을 배려하고 돌보아 주었지요.

안중근은 러일전쟁이 일어났을 때만 해도 일본을 응원했습니다. 당시 아시아의 일부 엘리트 지식인들처럼 안중근도 러시아를 서구 침략 세력의 일원으로 생각하고 일본은 그에 맞서 동양의 평화를 지키려는 세력으로 여겼습니다. 러일전쟁을 동양의 평화를 위협하는 서구 제국주의와 동양의 작은 나라 사이에 벌어진 전쟁으로 인식한 것입니다.

안중근은 다른 개화파 인사들과 마찬가지로 일본이 러시아를 물리쳐 동양 평화를 공고히 하고 한국의 독립을 지켜 주기를 간절히 바랐습니다. 일본은 개전 직후 강제로 대한제국 정부와 맺은 한일의정서 제3조에 "일본 정부는 대한제국의 독립과 영토 보전을 확실히 보증할 것"이라고 명시해 이러한 안중근의 기대를 부추겼습니다. 그를 가톨릭 신자로 받아들인 빌렘 신부는 "한국은 일본이 이기면 일본의 속국이 되고, 러시아가 이기면 러시아의 속국이 될 것"이라 경고했지만, 안중근은 그의 말을 믿지 않았습니다.

1905년 5월 대한해협 해전에서 무적을 자랑하던 러시아의 발틱 함대가 일본군에게 무참히 패배하면서 전세는 일본의 승리로 기울었습니다. 아시아 각국의 지도자들은 환호했습니다. 인도의 초대 총리 자와할랄 네루는 영국 유학 중에 날아갈 듯한 기분을 느꼈고, 인도인의 정신적 지도자로 우뚝

◐ **1900년대 평양 풍경**
고조선과 고구려의 수도였던
곳으로, 고려 때에도 북진 정책의
기지로 서경이라 불리면서 개경
다음으로 중요하게 여겨졌다.
오늘날에도 북한의 수도이자
제일의 도시로 직할시라는
특별한 지위를 누리고 있다.
면적이 2629평방킬로미터에
이른다.

서게 될 간다는 "일본의 승리가 사방 곳곳에 뿌리를 내려서
이제 그 열매를 그려 볼 수 있게 되었다."라고 기뻐했다고 합
니다. 런던에서 그 소식을 접한 중국의 국부 쑨원도 뜨거운
기쁨을 감추지 못했고, 배를 타고 귀국하다가 그를 일본인으
로 오해한 아랍 인 노동자로부터 축하를 받았다고도 합니다.

　그러나 서구 제국주의에 맞서는 동양의 수호신으로 여겨
졌던 일본은 사실 또 다른 제국주의 국가였을 뿐입니다. 침
략과 강탈의 전선에 동과 서의 구분 따위는 없었던 것입니
다. 러일전쟁 직후 일본은 한국에 을사늑약을 강요해 외교권
을 박탈하고 침략자의 본색을 여지없이 드러냈습니다. 그
중심에는 을사늑약 후 설치된 통감부의 초대 수장 이토 히
로부미伊藤博文가 있었습니다.

　당시 안중근은 평양에서 석탄 장사를 하고 있었습니다. 그
는 을사늑약이 체결되는 것을 보고 일본에 배신감을 느껴

상점을 팔아 마련한 돈으로 삼흥학교를 세웠습니다. 또 평양 부근 남포의 돈의학교도 인수했습니다. 인재를 키워 국권을 되찾을 실력을 쌓으려는 것이었지요. 그러나 날이 갈수록 일본의 침략이 거세지자 합법적이고 평화적인 방법으로는 나라를 바로 세울 수 없다고 판단하게 되었습니다. 마침내 1907년 연해주로 가서 의병운동에 참가하게 된 것입니다.

하얼빈을 울린 세 발의 총성

당시 블라디보스토크를 비롯한 연해주 지방은 수만 명의 한국인이 거주하던 곳으로 이범윤, 안중근, 엄인섭 등 구국운동에 나선 의병들의 기지로 자리 잡아 가고 있었습니다.

◎ 20세기 초 블라디보스토크 지도
'동방을 지배하라'라는 뜻을 가진 러시아 동해 연안의 최대 항구 도시이자 군항. 겨울에 얼지 않는 항구를 찾던 러시아는 집요한 노력 끝에 이곳을 차지하는 데 성공했다.

1908년 이곳에서 벌어진 구국 운동은 모두 1451건, 참가한 의병의 수만 해도 6만 9800여 명으로 집계되고 있습니다. 안중근도 전제덕이 이끄는 대한의군의 참모중장 자격으로 100여 명의 부하를 이끌고 국내로 침투해 일본군과 격전을 벌였습니다. 그런데 천주교 신자였던 안중근은 종교적 신념에서 일본군 포로를 풀어 주었다가 그들을 통해 기밀이 새어 나가는 바람에 아군이 크게 패하는 빌미를 주고 말았습니다.

그 후 안중근은 망명 투사들이 발간하는 『대동공보』의 탐방원으로 일하며 자신의 과오를 만회할 기회를 모색하게 되었습니다. 1909년에는 동지 11명과 죽음으로써 구국 투쟁을 벌일 것을 손가락을 끊어 맹세하고 동의단지회同義斷指會를 결성하기까지 했지요.

그러던 중 안중근의 귀를 번쩍 뜨이게 하는 소식이 블라디보스토크로 날아들었습니다. 침략의 원흉 이토 히로부미가 중국을 분할할 음모를 품고 러시아 재무대신 코코프초프와 회의를 하고자 북만주로 온다는 소식이었습니다. 어떤 기록에 따르면 미국에서 구국 운동을 하다가 연해주로 와 있던 정재관이 이 소식을 안중근에게 전하자 그는 좋아서 펄쩍 뛰며 자신이 이토 히로부미를 총살하겠다고 외쳤습니다. 그리고 정재관과 함께 연해주 의병 운동의 총사령관이던 유인석 선생을 찾아가 그런 뜻을 밝혔지요. 유인석 선생은 상원도 출신 위정척사파 선비로 1894년 이래 의병 운동에 헌

신하던 애국자였습니다. 그는 안중근의 말을 듣자 "다행히 죽이면 국가의 원수를 갚을 뿐만 아니라 동양의 평화를 교란하는 죄를 더욱 용서하지 못할 것이라는 대의명분을 온 천하에 천명해 세계인을 인식시키는 것"이라 말했다고 합니다.

거사에는 안중근, 우덕순, 조도선 등 세 명의 동지가 참여하기로 했습니다. 『대동공보』 사장 유진율은 그들을 위해 권총 3정과 돈 봉투를 마련해 주었습니다.

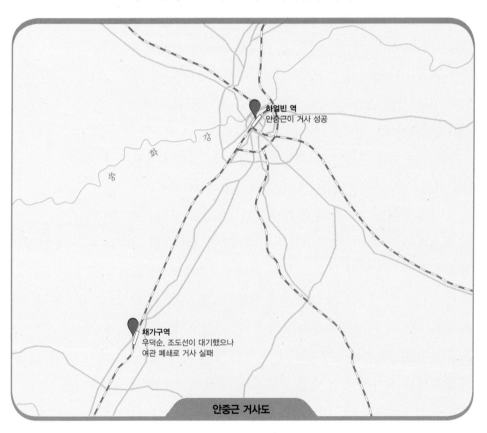

하얼빈 역
안중근이 거사 성공

채가구역
우덕순, 조도선이 대기했으나
여관 폐쇄로 거사 실패

안중근 거사도

"이토 히로부미는 채가구역을 거쳐 하얼빈 역으로 들어갈 거요. 동지들은 채가구에서 이토를 노리시오. 만약 실패하면 내가 하얼빈에서 처단하겠소."

안중근은 이렇게 두 명의 동지와 작전을 짠 뒤 하얼빈을 향해 장도에 올랐습니다. 돌아오리라는 보장이 없는 비장한 길이었답니다.

운명의 1909년 10월 26일 새벽, 이토 히로부미를 실은 열차는 하얼빈에서 남서쪽으로 약 80킬로미터 떨어진 채가구역을 무사히 통과했습니다. 첩보를 탐지한 러시아 경비병들이 채가구의 여인숙을 모두 폐쇄하는 바람에 우덕순과 조도선은 역에 나가지도 못했던 것입니다. 이제 남은 희망은 하얼빈 역에서 기다리고 있는 안중근뿐이었습니다.

오전 9시 무렵 이토 히로부미를 실은 열차가 서서히 하얼빈 역으로 다가왔습니다. 하얼빈은 러시아와 일본의 야욕이 만나는 제국주의의 교차로였습니다. 일본 역사학자 나카노 야스오에 따르면 당시 추밀원 의장이던 이토 히로부미는 고무라 지타로 외무대신과 가쓰라 타로 총리대신이 입안한 한일합병 계획을 승인하고 그 정지 작업을 위해 이 교차로로 다가가고 있었습니다. 68세의 노정객 이토 히로부미는 열차 안으로 들어간 러시아 재무대신 코코프초프와 회담을 마친 뒤 그와 함께 하얼빈 역 플랫폼으로 내려왔습니다. 러시아 측의 요청에 따라 러시아 의장대를 사열하기 위해서였습니다.

의장대 뒤에 서 있던 안중근은 앞으로 나와 약 5미터 떨어진 곳에서 브라우닝 권총으로 이토 히로부미를 향해 총탄 세 발을 발사했습니다. 총탄은 정확히 이토 히로부미의 급소를 꿰뚫었습니다. 침략의 원흉이 쓰러지는 것을 확인한 안중근은 두 팔을 치켜들고 러시아 말로 외쳤습니다.

"코레아 우라대한국 만세!"

이토 히로부미는 병원으로 옮겨지던 중 숨졌고, 안중근은 일본 측에 넘겨져 하얼빈 일본 총영사관에서 미조부치 다카오 검찰관의 심문을 받았습니다. 안중근은 거침없이 열다섯 가지의 거사 동기를 열거했습니다. 이토 히로부미가 명성황후 시해를 지휘하고, 을사늑약을 체결하고, 한국 군대를 해산하고, 의병을 탄압하고, 한국의 정치 기타 권리를 박탈하고, 동양 평화를 어지럽히고, 한국을 보호해 준다면서 한국에 불리한 정책을 시행했다는 등등 그가 열거한 이토 히로부미의 죄악은 분명하고 준엄했습니다.

열다섯 번째 죄목으로 "한국은 무사하다며 세계를 속였다."라고 지적한 뒤 안중근은 마지막으로 이렇게 말했습니다.

○ 이토를 저격하는
안중근(위)과 저격 장소

하얼빈의 안중근기념관에 전시되고 있는 디오라마(위). 아래 하얼빈 역 플랫폼 사진에서 세모 표시는 안중근이 사격을 가한 지점이고 네모 표시는 이토 히로부미가 쓰러진 지점이다.

"내가 생각하고 있는 것을 바로 일본 천황에게 알려주시오. 동양의 위기를 구해 주실 것을 갈망합니다."

그해 11월 4일 일본 도쿄의 히비야 공원에서 이토 히로부미의 장례식이 일본 최초의 국장으로 치러지는 가운데, 안중근은 아직 이토 히로부미가 죽은 것도 모르는 채 하얼빈의 일본 영사관을 거쳐 일본이 관리하던 뤼순 감옥으로 옮겨졌습니다. 그는 잇단 심문을 받으면서 시종일관 이토를 동양 평화의 적으로 규정하고 평화란 모든 나라가 자주 독립할 수 있는 상태를 말한다고 주장했습니다.

◐ 뤼순 감옥과 안중근 감방
이토 히로부미를 저격한 안중근이 잡혀가 수감된 일제의 정치범 수용소(위). 아래 사진 왼쪽 안내문이 붙어 있는 건물이 안중근의 감방이다.

동양 평화의 길

일본은 메이지 유신의 공로자인 이토 히로부미가 한국인에게 침략의 원흉으로 낙인찍혀 사살당한 사실에 몹시 당황하고 있었습니다. 일본이 한국을 간섭하기 위해 설치한 서울의 통감부는 안중근을 달래 보기로 했습니다. 그의 거사가 이토 히로부미에 대한 오해에서 비롯된 것임을 인정한다면 사형을 면할 수두 있다고 꼬드기지 는 것이었지요.

일본인 경부 사카이와 기지로는 뤼순

감옥에서 안중근을 면회하고 이렇게 말했습니다.

"이토 히로부미는 당신이 생각하는 것처럼 나쁜 사람이 아니오. 한국을 중국과 러시아로부터 보호해서 동양 평화를 지키려고 했던 분이오. 그러니 법정에서 이토 히로부미를 오해해서 총을 쏘았다고 말하시오. 그러면 당신을 살려 주겠소."

일본인 검사도 한국을 보호하려는 이토 히로부미의 참뜻을 오해하고 범행을 저질렀다고 하면 사형을 면하게 해 주겠다고 안중근을 회유했답니다. 그러나 안중근은 끄떡도 하지 않았습니다.

"하얼빈에서 이토를 총살하려고 마음먹었을 때 나는 이미 죽기를 각오한 사람이오. 이 감옥까지 와서 목숨을 늘려 보려는 생각은 하지 않소!"

1910년 2월 7일 안중근의 공판이 열렸습니다. 안중근은 하얼빈으로 향할 때부터 이 재판을 자신이 치러야 할 최후 최대의 전투로 생각하고 있었습니다. 그는 한국과 일본, 그리고 전 세계의 많은 사람들이 자신의 재판을 지켜보고, 재판정에서 자신이 폭로하는 일본 제국주의의 실상을 정확히 깨달아 올바른 동양 평화의 길을 찾기 바랐던 것입니다.

안중근 의사는 재판장 앞에서 당당히 말했습니다. "나는 대한국 참모중장으로 적국의 선봉장을 쏘았소. 그러니 나를 살인범이 아닌 전쟁 포로로 대우해 주시오."

그런 안중근에게 검사가 물었습니다. "한국은 스스로 지킬 수 없기 때문에 이토 공이 을사조약을 맺어 한국을 보호하고 동양 평화를 지키려 한 것이오. 그런 사람을 죽인 것은 잘못된 행위 아니오?"

안중근은 대답했습니다. "이토의 방법은 잘못되었소. 황제를 강압하고 이완용처럼 하등 쓸모없는 사람을 내각에 앉혀 한국을 망쳤소."

검사도 일본인, 변호사도 일본인, 판사도 일본인, 방청객도 일본인인 재판에서도 안중근 의사는 당당히 자신의 주장을 펼쳤습니다. 그러나 이처럼 당당한 안중근의 기대는 어떤 공명도 얻을 수 없었지요. 일본은 안중근의 고발이 한국과 세계에 알려지는 것을 막기 위해 일본인 재판관, 일본인 검사, 일본인 변호사만 참여시켜 속전속결로 재판을 진행하고, 철저하게 안중근을 테러리스트로 몰고 갔답니다. 일본 정부는

◎ 자오린 공원의 안중근 의사 기념비
중국의 혁명 열사 자오린을 기념하는 하얼빈의 공원에 안중근의 손을 새기고 그를 기리는 비가 세워져 있다.

제2, 제3의 안중근이 나오는 것을 막기 위해 안중근을 최대한 빨리 극형에 처하라고 뤼순의 사법 당국을 압박했지요.

그때 안중근의 동생들은 옥중의 형을 면회하고 어머니의 말씀을 전했습니다.

"앞으로 판결 선고가 사형이 되거든 당당하게 죽음을 택해서 가문의 명예를 더럽히지 말고 속히 하느님 앞으로 가라고 하셨습니다."

참 그 어머니에 그 아들이군요. 안중근은 어머니의 말씀을 전해 들으며 다시 한 번 부끄럽지 않게 최후를 맞이하겠다는 다짐을 했을 겁니다. 결국 재판장은 안중근에게 사형을 선고했습니다. 안중근은 담담한 태도로 재판장에게 말했습니다.

"더 심한 형벌은 없습니까? 각오했던 일이니 항소는 하지 않겠습니다. 대신 제 입장을 밝힌 『동양평화론』만은 다 쓰고 싶으니 사형을 15일만 미루어 주십시오."

재판장은 고개를 끄덕이며 그렇게 하겠다고 대답했습니다. 그러나 일본 정부의 독촉 때문에 재판장의 마지막 약속은 지켜지지 않았습니다. 거사 5개월 만인 1910년 3월 26일 안중근은 뤼순 감옥의 좁고 더러운 형장에서 31년의 거룩한 생애를 마쳤습니다. 미완성인 채 남은 『동양평화론』에는 안중근의 거사가 얼마나 위대한 결단이었는지 잘 보여 주는 구절이 있습니다.

"서양 침략에 맞서 일본이 동양 평화를 지켜줄 줄 알았으나, 이토는 한국을 침략해 그 기대를 배신했다. 그래서 나는 그를 죽이고 동양 평화의 길을 알리고자 한 것이다."

◎ 안중근의 유해를 기다리는 효창공원의 가묘
세계 만방에 일본의 제국주의적 침략 성을 꼬빟하고 신성한 동양 평화의 길을 제시한 안중근이지만 현재 그의 유해는 발견되지 않고 있다.

10

무장 독립운동의 대장정

달려라 홍범도!
달려라 김좌진!

한반도의 다섯 배에 육박하는 만주와 연해주를 숨 가쁘게 누비던 우리의 발걸음, 이제 마지막 목적지로 다가갑니다. 그곳은 만주 하면 가장 먼저 떠오르는 땅, '제3의 한국'이라 해도 과언이 아닐 '옌볜(연변)'입니다. 국내에 살고 있는 외국인의 대다수가 그곳 출신 동포일 만큼 한국인의 삶과 떼려야 뗄 수 없이 연결되어 온 지역이죠.

공식 명칭은 옌볜 조선족 자치주. 남한의 절반에 가까운 4만 3000여 평방킬로미터의 면적에 약 250만 명의 인구가 살고 그중 35퍼센트가량이 우리 동포인 조선족인 곳. 우리의 시선은 20세기 초 이곳을 달리던 불굴의 전사들에게 쏠립니다.

◈ 옌볜 조선족자치주의 주도 옌지

엔지

옌볜 조선족 자치주의 중심지인 옌지(연길)에서 동북쪽으로

30킬로미터 남짓 떨어진 곳에는 봉오동이라는 마을이 있고, 다시 옌지에서

서남쪽으로 90킬로미터 남짓 떨어진 곳에는 청산리라는 마을이 있습니다.

봉오동에서는 홍범도 장군이 핏발 선 눈으로 일본군을 노려보고 있고,

청산리에서는 김좌진 장군과 홍범도 장군이 함께 일본군과 맞서고 있습니다.

이제부터 한국인의 독립운동사에 빛나는 전투가 벌어집니다.

용감한 독립군과 함께 만주의 협곡을 따라 달려 봅시다.

간도의 추억

|

옌볜은 간도라는 이름으로도 많이 알려져 있습니다. 우리말로 '사잇섬'이라고도 하는 간도의 유래에 대해서는 여러 가지 설이 있습니다. 한국에서는 옌볜 한가운데를 흐르는 부르퉁하와 해란강 일대에서 비롯되었다고 본 반면, 중국에서는 두만강변에 생겨난 작은 섬들에서 비롯된 것으로 알려져 있습니다.

이처럼 다른 생각은 이 지역에 대한 해묵은 영유권 분쟁과 관련이 있습니다. 잘 아시다시피 이 지역은 백두산과 가깝고, 백두산은 예로부터 한민족과 만주족이 다 같이 신성시해 온 산입니다. 만주족은 이 산을 '창바이 산^{장백산}'이라 부르며 자신들의 발원지로 여겨 왔습니다.

1644년 만주족이 세운 청나라가 중국을 차지하자 청나라 황실은 자신들의 발원지인 만주 일대를 봉쇄하고 아무도 못 들어가게 했습니다. 그러나 언제인가부터 두만강 건너편에서는 사람들이 농사를 지으며 살고 있었습니다. 그들 가운데 상당수는 함경도 지역에서 넘어간 조선 사람들이었습니다.

그러다가 1710년^{숙종 36} 조선 사람이 이 지역에서 청나라 사람을 살해한 사건이 일어났습니다. 청나라는 자기네와 조선의 경계가 불분명하기 때문에 일어난 사건으로 판단해 목극등^{穆克登}을 조사관으로 파견했습니다. 조선의 접반사 박권은 목극등과 회담하고 백두산 정상에서 동남쪽으로 약 4킬로미터 떨어진 해발 2200미터 지점에 정계비를 세웠습니다. 정계비 비문에는 "서쪽으로는 압록강, 동쪽으로는 토문강이 있으니, 그 분수령 위에 돌을 세우고 기록한다."라는 글귀가 새겨졌습니다.

문제는 '토문강'이 어디를 가리키는가 하는 것이었습니다. 19세기 들어 조선은 그것을 두만강 북쪽에 있는 쑹화 강의 지류로 해석해 옌볜 일대를 영토처럼 관리했습니다. 반면 청나라는 토문강이 곧 두만강이라면서 이 지역을 자기네 영토로 간주했습니다. 조선 농민들이 곳곳에서 개간지를 넓혀 나가던 1883년, 청나라는 두만강 북쪽에 대한 봉금령을 해제하고 이민을 모집해 개발에 나섰습니다. 그리고 간도에서 농

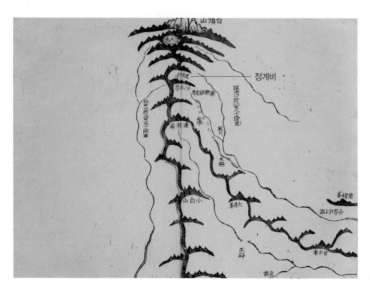

◉ **백두산 정계비가 표시된 대동여지도**
맨 위에 백두산이 보이고 천지 아래 1712년에 세워진 정계비가 표시되어 있다.

사짓던 조선 농민들에게는 세금을 징수했습니다. 그러자 조선과 청나라 사이에는 본격적으로 간도를 둘러싼 영유권 분쟁이 일어났습니다.

간도를 둘러싼 논란은 조선이 대한제국으로 바뀐 1897년 이후까지 이어졌습니다. 청나라가 의화단의 난 등 내우외환으로 정신없는 상황에서 대한제국은 간도 관리에 적극적으로 나섰습니다. 1903년 그 지역에 나가 있던 간도시찰사 이범윤을 북변간도관리사로 임명해 버린 것입니다. 간도는 우리 땅이니 우리가 관리하겠다는 뜻이 담긴 조치였지요.

이범윤은 고종이 을사늑약의 부당함을 전 세계에 알리기 위해 네덜란드 헤이그에서 열리는 만국평화회의에 파견한 밀사 중 한 사람인 이위종의 삼촌입니다. 또 대한제국의 러시아 공사로 마지막까지 저항하다 자결로 순절한 이범진의 형이기도 하지요. 그는 간도관리사의 임무를 수행하며 대한제국에 군대 파견을 요청했으나 여의치 않자, 사포대라는 의용군을 조직해 직접 조선 백성을 지켰습니다. 사포대와 청나라 군대 사이에는 작은 충돌뿐 아니라 수백 명 단위의 전투까지 벌어졌다고 합니다.

그런데 러일전쟁이 벌어지면서 일본은 청나라와 우호 관계를 유지하기 위해 대한제국 정부에 압력을 넣어 이범윤을 소환하도록 했습니다. 이범윤은 이에 응하지 않고 러시아령인 연해주로 넘어가 항일 투쟁에 나섰습니다. 연해주에서라면 누구랑 함께 싸웠겠습니까? 바로 하얼빈 역의 영웅 안중근, 연해주 의병 투쟁의 대부 유인석 같은 분들 아니겠어요?

그러는 사이 러일전쟁에서 승리한 일본은 1905년 을사늑약으로 대한제국의 외교권을 빼앗았습니다. 통감부를 두고 대한제국 정부에 간섭하던 일본은 1907년 함경북도 종성에서 약 30킬로미터 떨어진 룽징^{용정}에 군대와 경찰을 파견해 '통감부 간도 파출소'를 설치했습니다. 그리고 간도의 범위를 옌지^{연길}, 허룽^{화룡}, 왕청^{왕청}, 훈춘^{혼춘} 등 오늘날 옌벤 조선족자치주의 상당 부분에 해당하는 지역으로 확대했습니다.

그리하여 청나라와 대한제국을 '대리'하는 일본 사이에 간도 영유권 분쟁이 벌어졌습니다. 두 나라는 1909년 9월 4일

◎ **룽징에 설치되었던 간도 일본총영사관 옛 청사**

'간도협약'이라는 것을 맺고 간도 지역이 청나라 영토라는 데 합의했습니다. 일본은 간도가 청나라 땅이라는 것을 인정하는 대신 옌볜에 영사관을 설치하고 통상을 확대하며 만주에 철도를 부설하는 권리를 얻었습니다. 독립국이던 대한제국의 영토 문제를 제멋대로 처리해 버린 것입니다.

그렇다고 해서 간도가 우리 민족의 활동 무대에서 완전히 사라진 것은 아닙니다. 아니, 오히려 간도로 가는 우리 민족은 더욱더 늘어났습니다. 일제가 한반도를 강제로 점령한 이상 살기 위해서든 싸우기 위해서든 나라를 떠나야 했습니다. 그리고 일제의 손길이 미치지 않는 연해주나 만주에서 새로운 삶을 찾아 나섰습니다. 우리가 독립운동의 무대로서 이 지역을 주목해야 하는 것은 그런 이유에서랍니다.

간도로 가는 사람들

한국인이 즐겨 부르는 노래 가운데 윤태영이 작사한 「선구자」가 있습니다. 이 노래에는 다음과 같은 가사가 들어 있지요.

용~두레 우물가에 밤새 소리 들릴 때
뜻 깊은 용문교에 달빛 고이 비친다.

이 노래에 나오는 '용두레'는 옌지에서 서남쪽으로 15킬로미터쯤 떨어진 곳에 있는 룽징龍井을 가리킵니다. 을사늑약 이후 일제에 쫓겨 두만강을 건넌 한국인들은 바로 이곳 용두레 우물가에 집을 짓고 새 삶의 터전을 마련했습니다. 한국인이 만주에 세운 최초의 근대 교육기관도 룽징에 들어섰지요. 1906년 이상설, 이동녕 등이 세운 서전서숙瑞甸書塾이 그것입니다.

◯ 용두레 우물
1880년경 한국인이 처음 발견한 것으로 알려진 룽징 시내 한복판의 우물. 이곳이 룽징(龍井)이라는 이름의 기원이 되었다고 한다.

부근의 서전 벌판을 따서 이름 지은 서전서숙은 한국인 자제들을 모아 가르치고 독립 사상을 북돋웠습니다. 1907년 7월 통감부가 세운 간도출장소에게 서전서숙은 그야말로 눈엣가시였지요. 일제는 간도에서 항일 교육의 뿌리를 뽑기 위해 간도보통학교를 세워 학생을 모집했습니다. 그리고 통감부 파출소장을 통해 매월 20원의 보조금을 낼 테니 서전서숙은 문을 닫으라고 회유했습니다.

서전서숙은 이를 거절했습니다. 그리고 훈춘 방면의 탑두구塔頭溝 근처에서 수업을 계속해 8월 20일 졸업식까지 거행했습니다. 하지만 그것으로 끝이었습니다. 이상설이 고종의 밀명을 받고 헤이그 만국평화회의에 갔다가 돌아오지 못하면서 재정이 어려워졌기 때문이지요.

그렇다고 해서 민족 교육을 포기할 한국인이 아니지요. 서전서숙이 문을 닫은 지 1년도 안 된 이듬해 4월 27일, 그곳에서 동남쪽으로 15킬로미터 남짓 떨어진 명동촌明東村에 또 다른 민족 학교인 명동서숙明東書塾이 세워졌습니다. 명동촌은 함경북도 회령과 종성에서 유학자로 이름이 높던 김약연, 김하규 등이 1899년 2월 18일 가문을 이끌고 집단 이주해 만든 마을이었습니다. 그 이름도 '밝은 조선 민족의 새 공동체'라는 뜻입니다. 김약연은 서전서숙에 몸담고 있던 사촌동생 김학연이 돌아오자마자 함께 명동서숙을 세우고 인재를 양성하기 시작했습니다.

○ 서전서숙(위)과 명동학교

명동서숙은 서전서숙처럼 쉽게 무너지지 않았습니다. 학교를 설립한 이듬해에는 이름을 명동학교로 바꾸고 김약연이 교장을 맡았습니다. 학교의 명성이 높아지자 간도 지역뿐 아니라 연해주와 국내의 회령 등지에서도 학생들이 모여들었습니다. 항일 구국의 인재 양성을 목표로 하는 학교답게 명동학교의 주요 과목은 국어와 국사였습니다. 국어 교과서인 『유년필독』, 국사 교과서인 『최신동국사』, 베트남 역사를 다룬 『월남망국사』 등이 주요 교재였지요.

명동학교는 1925년 문을 닫을 때까지 1200여 명의 졸업생을 배출했습니다. 영화 〈아리랑〉을 제작한 나운규, 민족 시인 윤동주 등이 바로 이 학교 출신이랍니다.

만주 일대에서는 서전서숙의 발자취를 따라 명동학교뿐 아니라 수많은 민족 학교가 등장했습니다. 그 가운데 가장 주목해야 할 학교가 바로 신흥무관학교입니다. 왜 학교 이름에 '무관'이 들어가 있느냐고요? 그렇습니다. 이 학교는 무관을 양성해 일본 침략자들을 무섭게 할 목적으로 세워진 학교입니다.

1909년 국내에 신민회新民會라는 비밀 결사가 생겨났습니

엔지 시 세부도

다. 안창호, 양기탁, 박은식, 신채호, 이동녕 등 기라성 같은 인물들이 참여한 이 결사는 공화제를 강령으로 내걸고 구국운동을 벌였습니다. 공화제가 무엇입니까? 임금 혼자 나라를 다스리는 군주제와 달리 여러 사람이 함께 다스리는 체제를 말합니다. 당시는 비록 일제의 허수아비로 전락하기는 했지만 황제가 다스리는 대한제국이 살아 있던 시기입니다. 따라서 아무리 독립운동을 한다고 해도 군주제를 부정하는 신민회는 반역을 하는 셈이었습니다. 그만큼 신민회 인사들은 안팎으로 목숨을 건 변혁에 몸을 던진 것이지요.

바로 이 신민회가 만주에 독립군 기지를 건설하기로 하고 이동녕, 이회영, 장유순 등을 파견해 기지 터를 답사하도록 했습니다. 1910년 7월 그들은 명동학교로부터 서쪽으로 300여 킬로미터 떨어진 삼원보三源堡에 정착했습니다. 그곳은 그 옛날 고구려의 터전이던 국내성지금의 지린 성 지안 시에서 북쪽으로 160여 킬로미터, 대조영이 이해고의 추격군을 격파한 천문령으로부터 남쪽으로 70여 킬로미터 떨어진 곳입니다. 간도를 만주 전역으로 확대해 보는 시각에서는 이 지역을 '서간도'라고 하기도 하지요.

함경도 부호들이 이주해 건설한 명동촌과 달리 삼원보는 토착민의 배척이 심해 생활하기 쉽지 않았습니다. 하지만 불굴의 의지를 가진 지사들은 1911년 봄 이곳에서 한국인의 자치기관인 경학사耕學社를 조직했습니다. '경학'은 밭 갈고 공부한다는 뜻입니다. 그러니까 경학사는 일하고 공부하는 한국인들의 자치단체였던 것이지요.

경학사의 독립지사들은 국내에서 모여드는 청년들을 독립운동의 중견 간부로 양성하기 위해 동남쪽으로 약 60킬로미터 떨어진 합니하에 신흥강습소를 세웠습니다. 삼원보는 교통이 번잡하고 국제적 이목을 받기 쉬운 곳이라 인적이 드문 벽지로 옮겨 학교를 세운 것입니다.

신흥강습소는 1913년 신흥중학교로 이름을 바꿨다가 6년 뒤 다시 서쪽으로 30킬로미터쯤 옮겨 가 신흥무관학교로 바

신흥무관학교

꿰게 됩니다. 1919년이면 국내에서 3.1만세운동이 일어난 해입니다. 그 열기 속에서 4월 11일 중국 상하이에서는 대한민국 임시정부가 출범했습니다. 대한민국 임시정부의 지지 속에 신흥무관학교는 일본 육군사관학교 출신 육군 중위 지청천, 윈난雲南 사관학교 출신 이범석 등을 교관으로 영입해 무장 투쟁의 간부들을 양성해 나갔습니다.

그러나 안타깝게도 연이은 흉작으로 인해 신흥무관학교의 경영은 벽에 부딪혔습니다. 이시영이 봉천지금의 랴오닝 성 선양으로, 이동녕이 연해주로 떠나면서 타격을 입은 신흥무관학교는 그만 1920년 들어 문을 닫고 말았지요.

만주 땅에서 울린 승전보

그렇다면 신흥무관학교의 폐교와 더불어 만주의 무장투쟁은 희망이 사라진 것일까요? 천만의 말씀입니다. 학교가 문을 닫던 그날 지청천은 사관생도 300명을 인솔하고 백두산 인근 삼림 지대로 들어갔습니다. 그때 이미 만주 곳곳에는 일본과 결전을 벼르는 수많은 독립군 부대가 도사리고 있었습니다. 신흥무관학교가 문을 닫은 1920년은 무장 독립 투쟁의 거대한 서막이 열린 한 해였습니다.

3.1운동이 잦아들자 만주의 한국인은 지금까지 준비한 독립군 기지의 무력을 전투 체제로 정비해 본격적인 독립 전쟁

에 돌입했습니다. 3.1운동 이후 수많은 사람이 만주로 이주해 독립군에 가담하고, 러시아 혁명 이후 내전이 진행되던 연해주 지역에서 무기도 구입할 수 있었습니다. 게다가 만주 지역은 국내와 달리 3.1운동 때에도 "육탄 혈전으로 독립을 완성한다."라며 무장 항쟁을 독립운동의 중요한 방법으로 삼고 있었습니다.

1920년 당시 만주와 연해주에는 50여 개의 독립 군단이 조직되어 있었습니다. 서간도 지역에는 1919년 5월 서로군정서가 결성되어 신흥무관학교를 세우는 데도 큰 역할을 했지요. 비슷한 시기인 1919년 4월 의병 세력도 대한독립단을 조직해 국내 진공 작전을 벌이고 있었습니다. 1920년 2월에는 이 지역 독립군 단체가 통합해 상하이 임시정부 직속의 광복군 사령부가 결성되기에 이르렀습니다. 그 밖에도 광한단光韓團, 대한독립의용단, 보합단普合團, 의성단義成團 등 무수한 독립군 단체가 서간도 지역에서 활동하고 있었답니다.

그렇다면 한국인이 가장 많이 넘어가 살던 북간도, 즉 옌볜 지역은 어떠했을까요? 1919년 11월 이 지역의 한국인 대표들은 대한국민회를 결성하고 산하에 국민회군을 두었습니다. 대한제국 말기부터 의병장으로 이름을 떨치던 홍범도는 대한독립군을 결성해 1919년 8월 함경남도 갑산과 혜산으로 진공 작전을 펼쳤습니다. 이것은 3.1운동 후 전개된 최초의

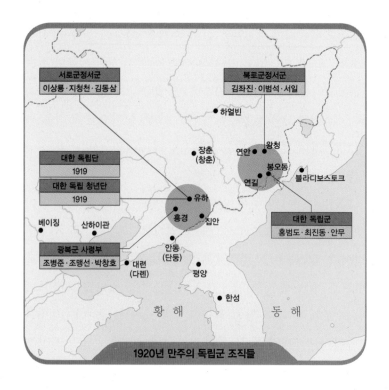

서로군정서군
이상룡·지청천·김동삼

북로군정서군
김좌진·이범석·서일

대한 독립단
1919

대한 독립 청년단
1919

광복군 사령부
조병준·조맹선·박창호

대한 독립군
홍범도·최진동·안무

하얼빈

장춘
(창춘)

연안   왕청
봉오동
연길

블라디보스토크

베이징   산하이관

유하
훙경   집안

안동
(단둥)

대련
(다롄)   평양

한성

황 해   동 해

1920년 만주의 독립군 조직들

국내 진공 작전으로 각지의 독립군에게 커다란 영감과 용기를 주었답니다.

그리고 단군을 숭배하는 민족 종교인 대종교의 교도들은 이 지역으로 진출해 중광단重光團이라는 독립운동 조직을 만들었습니다. 중광단은 1919년 12월 대한군정서를 결성했는데, 이는 서간도의 서로군정서와 대비해 북로군정서라고 불렸지요. 북로군정서는 연해주에 와 있던 체코 군에게 다량의 무기를 사 들였고, 병력도 1000여 명에 이르렀습니다. 그 밖에도 대한신민단, 한민회군 등 무수한 독립군 단체가 북간도 지역에서 활동하고 있었습니다.

일본은 1920년 5월부터 독립군 토벌 작전을 벌여 나갔습니다. 그에 대응해 홍범도의 대한독립군은 5월 28일 안무의 국민회군, 최진동의 군무도독부와 연합해 대한북로독군부를 결성했습니다. 이 연합 부대는 봉오동에 집결해 좀 더 강력한 국내 진공 작전을 준비했습니다.

1920년 6월 4일 한경세가 이끄는 대한신민단이 함경북도 종성군 강양동에 진입해 일본군 순찰 소대를 습격해 타격을 입혔습니다. 다음 날 일본군 1개 소대 병력이 두만강을 건너 대한신민단을 추격해 왔지만 대한북로독군부를 만나 큰 피해만 보고 물러갔습니다.

그러자 일본군은 6월 6일 함경북도 나남에 주둔하던 일본군 제19사단에 야스카와 지로安川二郎 소좌가 이끈 월강추격대대를 편성했습니다. '월강'이란 강을 건넌다는 뜻이지요. 그 이름처럼 추격대대는 두만강을 건너 직접 독립군의 근거지인 봉오동을 공격해 왔습니다. 대한북로독군부와 대한신민단의 연합 부대는 봉오동의 상촌 삼면 고지에 매복해 이들을 기다렸습니다.

오후 1시쯤 일본군 추격대대는 독립군이 매복해 있는지도 모르고 삼면 고지 아래로 들어왔습니다. 독립군의 맹렬한 사격에 일본군은 맥없이 쓰러져 갔습니다. 어떤 기록에 따르면 이 한 번의 전투에서 일본군 150명이 죽고 수십 명이 부상한 채 퇴각했다고 합니다. 독립군은 보병총 60여 자루와 기관총 3정을 빼앗는 전과를 올렸습니다.

봉오동 전투는 만주에서 한국 독립군과 일본군 사이에 본격적으로 벌어진 최초의 대규모 전투였습니다. 이 전투의 승리로 독립군의 사기는 크게 높아지고 각지에서 독립 전쟁이 더욱 활발하게 벌어지는 계기가 마련되었습니다.

그렇다고 당하고만 있을 일본이 아니었습니다. 일본군은 독립군이 준동하도록 내버려 둔 중국에 거세게 항의했습니다. 북간도의 중국 관헌들은 어쩔 수 없이 독립군에게 자신들의 관할 구역에서 나가 달라고 요구해 왔습니다. 홍범도의 독립군단은 1920년 8월 하순부터 새로운 근거지를 찾아 나섰습니다. 그들이 새로 찾은 곳은 봉오동에서 백두산 쪽으로

● **봉오동 전적지**
1920년 6월 7일 홍범도가 이끄는 대한북로독군부의 한국 독립군 연합 부대가 일본군 제19사단의 월강추격대대를 무찌른 역사적 전적지. 중국 지린 성 왕칭에 있다.

100킬로미터 정도 떨어진 허룽 현의 삼림지대였습니다.

일제는 중국에 압력을 넣은 데서 만족하지 않고 직접 간도를 침공해 독립군과 항일 단체들을 모조리 없애 버리려 했습니다. 그리고 훈춘 사건을 일으켰습니다. 1920년 10월 2일 중국 마적馬賊을 매수해 훈춘의 일본영사관을 고의로 습격하게 한 것입니다. 훈춘을 공격한 400여 명의 마적단은 약속대로 오전 9시부터 4시간 동안 살인과 약탈을 벌여 중국인 70여 명, 조선인 7명, 일본인 몇 명을 죽이고 비어 있던 일본영사관을 불태웠습니다.

일본은 이 사건을 독립군의 소행으로 몰아붙이며 토벌군을 보냈습니다. 그중 동지대東支隊가 토벌 작전을 개시한 것은 10월 20일이었습니다. 그들을 기다리고 있던 것은 김좌진이 이끄는 북로군정서군과 홍범도의 독립군 연합 부대였습니다.

김좌진은 백운평 고지에 독립군을 매복시키고 일본군을 기다렸습니다. 21일 아침 이러한 사실을 모른 채 백운평으로 들어오던 일본군 전위 부대 200명은 독립군의 기습을 받아 전멸하고 말았습니다. 뒤이어 도착한 야마타山田 연대가 독립군을 협공하려 했으나 독립군의 강력한 저항으로 오히려 사상자만 늘린 채 퇴각했습니다.

같은 시각에 완루구完樓溝에서는 홍범도의 독립군 연합 부대가 일본군을 맞아 싸웠습니다. 본대가 저지선을 펼쳐 놓고 일본군의 전진을 가로막는 동안 예비대는 우회해 오던 일본군의 측면을 공격했습니다. 일본군은 생각지도 못했던 예비대와 부딪치자 당황해서 닥치는 대로 총탄을 퍼부어댔지요. 예비대가 살짝 빠져나가자 그것도 모르고 자기편끼리 서로 총질을 하기까지 했습니다. 이 전투에서 일본군 400여 명이 죽었습니다.

이튿날 새벽 갑산촌甲山村에 도착한 김좌진 부대는 인근 천수평泉水平에서 일본군 기병 1개 중대가 야영하고 있다는 정보를 입수했습니다. 북로군정서군은 즉각 출동해 120여 명의 일본군 가운데 4명을 제외한 전원을 사살하는 전과를 올렸습니다. 가까스로 어랑촌漁郎村의 본대로 탈출한 4명은 참패 소식을 어랑촌에 주둔한 아즈마東正彦 부대에 알렸습니다.

일본군의 대대적인 공격을 예상한 북로군정서군은 청산리에서 유리한 고지를 선점하고 출동한 일본군과 전면전에 돌입했습니다. 완루구에서 승리한 홍범도 부대도 바람처럼 달려와 북로군정서군에 합세했습니다. 양쪽 부대 합쳐 약 1500명이 총동원된 이 결전에서 독립군은 청사에 길이 빛날 대승을 거두었습니다.

10월 24일에는 북로군정서군 소속의 한 부대가 천보산 부근에 있던 일본군을 습격하고, 10월 25일에는 홍범도 부대가 일본군을 기습 공격해 모두 승리했습니다. 홍범도 부대를 추격하던 일본군은 그날 밤 고동하古洞河 골짜기에서

○ **청산리 백운평 전적지**

독립군의 흔적을 발견하고 공격에 나섰습니다. 그러나 홍범도 부대는 이미 공격에 대비해 매복을 펼치고 있다가 대승을 거두었습니다.

　이처럼 김좌진의 북로군정서군과 홍범도의 연합 부대가 청산리 일대에서 거둔 승리는 한국 무장 독립운동 역사상 가장 빛나는 전과를 올린 대첩으로 영원히 기억될 것입니다.

시련을 넘어

봉오동 전투 이후 복수를 위해 훈춘 사건을 조작해 낸 일본은 이를 구실로 간도에 3개 사단을 출동시켰습니다. 그리고 한국인이라면 심문도 없이 붙잡아 일렬로 세운 후 총살하고 불태우는 학살을 저질렀습니다. 청산리 대첩에서 치욕적인 패배를 당한 뒤에 이러한 만행은 더욱 더 끔찍해졌습니다.

허투아라에서는 11월 3일 메이지천황절을 축하한다면서 한국인을 집단으로 사살하는 사건도 일어났습니다. 허룽 현 장암동에서 28명의 기독교도를 세워 놓고 소총 사격 연습의 과녁으로 삼는가 하면, 옌지 현 의란구依蘭溝에서는 30여 호의 전 주민을 몰살하고 4형제를 불타는 집안에 밀어 넣어 태워 죽이기도 했습니다.

이 같은 일본군의 만행을 취재하기 위해 현지에 갔던 동아일보 기자 장덕진은 일본군에 의해 암살당했습니다. 그러나 비밀은 없는 법! 일본군의 학살은 만주에서 선교 활동을 하고 있던 외국인 선교사들에 의해 생생하게 폭로되었습니다. 한 미국인 선교사는 "피 젖은 만주 땅이 바로 저주받은 인간사의 한 페이지"라고 개탄했습니다. 이렇게 3개월에 걸쳐 일본군이 만주에서 학살한 한국인의 수는 무려 3만여 명에 이른 것으로 알려졌습니다. 1920년이 경신년이었기 때문에 이 참변을 '경신참변'이라고 합니다.

일제가 이처럼 광기 어린 한국인 사냥을 전개하며 청산리 대첩에 대한 보복에 나서자 각지에 흩어져 있던 북로군정서, 의군부, 광복단 등 10개 독립군 단체는 소련과 중국의 국경 지대에 모였습니다. 그들은 독립 전쟁을 효율적으로 수행하기 위해 통합 조직인 대한독립군단을 출범시키기로 했습니

◐ **독립군과 붉은군대가 함께 싸운 니콜라옙스크**
1920년 독립군과 붉은군대는 니콜라옙스크에 쳐들어 온 일본군을 함께 물리쳤다. 당시 불에 타 내려앉은 일본영사관.

다. 총재 서일, 부총재 김좌진·홍범도·조성환, 총사령 김규식, 참모총장 이동녕, 여단장 지청천 등 기라성 같은 지도부를 가진 27소대 3500명의 통합 독립군이 탄생한 것입니다.

대한독립군단은 헤이룽 강을 건너 그해 12월 하얼빈 북방 600여 킬로미터 지점에 있는 소련의 스보보드니로 들어갔습니다. '스보보다'가 자유를 뜻하기 때문에 우리는 이 도시를 보통 '자유시'라고 부릅니다. 그런데 여기서 비극이 벌어졌습니다. 일본이 소련에 독립군을 해체하라는 압력을 넣었던 것입니다. 연해주를 차지한 일본과 협상 중이던 소련은 그 요구를 무시할 수만은 없었습니다. 그래서 독립군 병력을 소련의 적군赤軍으로 흡수해 문제를 해결하려 했습니다. 그렇게 하면 외형상 독립군은 없어지기 때문입니다.

그런데 일부 독립군이 소련의 결정에 불복했습니다. 적군은 저항하는 독립군에 대한 무장해제에 나서 무력 충돌이 빚어지고 다수의 사상자가 발생하고 말았습니다. 결국 자유시에 모인 독립군은 해산되고 그 병력은 적군에 흡수되고 말았습니다. 이를 '자유시 참변'이라고 한답니다.

경신참변과 자유시 참변을 겪으면서 만주와 연해주에서 한국인의 독자적인 무장 독립운동은 다소 주춤했습니다. 그렇다고 해서 한국인의 독립 의지나 투쟁 의식이 꺾인 것은 아니었습니다. 오히려 한국인의 무장 투쟁은 만주를 넘어 중국 전역에서 다양한 방식으로 이루어졌습니다. 이봉창, 윤봉길처럼 홀로 폭탄을 들고 적의 수괴를 응징하러 간 젊은이들이 있는가 하면, 수많은 이름 없는 한국의 젊은이들이 곳곳에서 유격대를 조직해 일본과 맞서 싸웠습니다.

1931년 일본이 만주를 침공한 만주사변이 일어났습니다. 만주가 중국 영토이므로 사실상 중국과 일본이 전쟁을 시작한 것입니다. 어떤 학자들은 이것을 제2차 세계대전의 시작으로 보기도 합니다. 1945년까지 15년에 걸친 대전쟁의 서막이 열린 것이지요.

이 전쟁에서 일본은 빠른 속도로 만주를 점령하고 그곳에 만주국이라는 꼭두각시 나라를 세웠습니다. 그리고 청나라의 마지막 황제였던 푸이를 데려다가 허수아비 황제로 앉혔지요. 이것은 만주에서 활동하던 한국인과 독립군에 커다란 타격을 안겨주었습니다. 일본의 압제를 피해 만주로 건너왔는데 이제 만주마저 사실상 일본의 영토가 되어 버렸기 때문입니다.

당시 중국인은 국민당과 공산당으로 나뉘어 내분을 겪고 있었는데, 만주 지역은 공산당 세력이 강했습니다. 그래서 이곳에서 일본과 맞서는 것도 주로 공산당 군대였습니다. 1934년 3월 15일 중국공산당은 만주 곳곳에서 일본군과 싸우던 유격대를 동북인민혁명군으로 통합했습니다.

제1군부터 제6군까지 있는 동북인민혁명군 편제 중에서 제2군에는 한국인이 유독 많았습니다. 그들은 제2군 제1독립사를 이루고 독자적인 작전을 수행했습니다. 제2군 제1독립사의 사령관은 한국인 주진이고 부대원의 절대 다수도 한국인이었습니다. 사실상 한국인의 부대였습니다. 이듬해 중국공산당은 동북인민혁명군을 확대 개편해 동북인민항일연군을 만들었습니다. 이 연합군은 총 3로군으로 편제되어 있었는데, 한국인은 주로 1로군에 편성되었습니다.

○ **만주국 황궁**
일본의 꼭두각시 노릇을 하던 푸이가 만주국 황제로 거주하던 황궁. 중국에서는 괴뢰국의 궁궐이라는 뜻에서 위만황궁이라고 한다.

이처럼 만주에 남아 독립운동을 펼친 한국인이 대개 중국공산당의 지휘를 받으며 무장투쟁을 펼친 반면, 중국 본토로 이동한 인사들은 대한민국 임시정부를 비롯한 민족운동 세력과 힘을 합쳐 독립운동을 펼쳤습니다. 대한

민국 임시정부는 1940년 9월 충칭에서 한국광복군을 조직해 광복의 그날까지 대일 항전을 펼쳐 나갔지요. 임시정부는 1941년 12월 일본이 하와이 진주만을 폭격하자 즉각 일본에 선전포고를 하고 국내 진공을 준비했습니다. 만약 일본이 조금만 더 늦게 항복했더라면 한국광복군은 한반도로 들어가 일본군과 싸우다가 승전국 군대의 자격으로 해방을 맞이했을지도 모릅니다.

이처럼 봉오동과 청산리에서 빛나는 승리를 거둔 독립군은 이후 역사의 흐름에 따라 두 갈래로 나뉘었습니다. 만주와 연해주에 남아 피 흘리며 싸우던 독립군은 중국공산당이나 소련 적군과 힘을 합쳐 일본과 싸웠습니다. 반면 중국 본토로 이동한 독립군은 중국국민당과 협력하며 일본과 싸웠습니다. 해방이 되자 만주의 독립군은 주로 북한으로 들어가 활동하

게 되었고, 한국광복군은 대개 남한으로 들어왔습니다.

그들이 해방된 조국에서 다시 만나 힘을 합쳐 새 나라를 건설했다면 얼마나 좋았을까요? 그러나 역사의 진실은 정반대입니다. 그들은 단 한 번도 꿈꾸지 않았던 비극, 즉 해방된 조국에서 서로 총부리를 겨누며 싸워야 하는 동족상잔의 비극에 맞닥뜨렸습니다. 그리고 70년이 흘렀습니다. 오늘날 북한 사람은 압록강과 두만강을 통해 만주를 오가고, 남한 사람도 만주를 자유롭게 왕래하고 있습니다. 그러나 남한과 북한은 철조망으로 가로막혀 있습니다. 이 비극이 언제 막을 내릴 수 있을까요? 이러자고 우리 조상들이 만주에서 피를 쏟아 가며 싸운 것은 아니었을 텐데 말입니다. 만주와 한반도가 활짝 열리고 서로 통하는 그날을 그리며 만주에서 펼쳐졌던 우리 역사를 돌아보고 또 돌아봐야겠습니다.

✿ **일송정(왼쪽)과 해란강**
룽징 시에서 서쪽으로 약 3킬로미터 떨어진 비암산에 있는 정자(왼쪽)와 그곳에서 내려다보이는 해란강. 원래 산 정상에 우뚝 선 한 그루 소나무로 그 모양이 정자처럼 생겼다고 붙은 이름이다. 일제 강점기 독립 투사들의 정신을 상징하던 곳이다.

『만주에서 만난 우리 역사』를 나오며

6.25전쟁이 한창이던 1952년 9월 3일 두만강 건너 간도 지역에서 중국의 옌벤 조선족자치구가 성립했습니다. 1909년 9월 4일 일본과 청나라 사이에 간도협약이 체결된 지 43년 만의 일입니다. 이로써 한국인과 밀접한 관계를 맺어 온 이 지역은 중국 영토로 확정되었고, 3년 후 조선족자치주로 바뀌었습니다.

간도는 역사적으로 중국과 한국 사이에 영유권 분쟁을 겪어 왔고, 간도를 포함한 만주에는 고구려와 발해의 자취가 어려 있습니다. 이 지역이 중국 영토로, 그곳에 사는 한인(조선족)들이 중국의 소수민족으로 확정되는 과정은 어떻게 전개되었을까요?

일제강점기로부터 6.25전쟁에 이르는 시기에 만주 지역, 나아가 중국 전역에서 수많은 한국인이 삶을 이어 가고 있었습니다. 그 역정을 연구한 학자들에 따르면 그분들의 역사는 결코 한국사와 나눠 설명할 수 없습니다. 또 그분들의 역사를 모르면 한국사도 온전히 다 이해했다고 말할 수 없습니다.

중국의 한인 사회는 국민당과 공산당 사이에 벌어진 국공내전의 흐름을 고스란히 따라가며 역사의 급류에 몸을 맡겼습니다. 만주 지역의 한인들 중 상당수는 공산당이 주도한 중국 동북항일연군에 속해 항일투쟁을 벌였습니다. 해방 후 그들은 대부분 공산군의 편에서 국공내전을 승리로 이끄는 데 결정적인 기여를 했습니다. 그들은 이를 바탕으로 두 갈래의 행동을 합니다. 하나는 만주에 남아 옌볜을 북한에 귀속시키려 한 것이고, 다른 하나는 북한으로 돌아가 6.25전쟁에 참전하는 것이었습니다.

옌볜을 북한에 귀속시키려 한 사람들은 자신들이 중국공산당의 승리를 도왔기 때문에 그럴 자격이 있다고 생각했습니다. 즉 자신들 덕분에 공산당이 중국을 차지했으니 옌볜을 독립시켜 달라는 것이었죠. 그들 사이에는 옌볜을 우선 소련식 공화국으로 만든 뒤 점차 북한에 흡수시키자는 논의가 일어났습니다. 북한도 국공내전 기간에 중국공산당을 지원했기 때문에 이런 주장을 할 수 있었습니다.

6.25전쟁에 참전한 사람들은 항일투쟁과 국공내전에서 쌓은 경험을 바탕으로 전세에 큰 영향을 미쳤습니다. 6.25 당일 처내려온 보병 21개 연대 가운데 10개 연대가 만주 한인 부대였고, 그들의 전투력은 다른 인민군보다 훨씬 뛰어났다고 합니다. 그러나 미군의 참전으로 전세가 뒤집히는 바람에 북한은 중국의 도움을 받게 되었죠. 이로써 중국은 국공내전 기간 동안에 만주의 한인과 북한에 진 빚을 갚은 셈이 되었습니다. 그러니 더 이상 "우리가 너희를 도왔으니 그 대가로 옌볜을 달라"는 주장을 하기 어려워진 것이죠. 옌볜이 중국의 자치주가 된 데는 이런 사정이 있었다고 하겠습니다.

만주의 한인 사회가 좌익 일색이었던 것은 아닙니다. 우익 계열인 한국독립당은 중국국민당의 공세가 치열한 시기에 만주로 진출한 뒤 만주와 남한이 북한을 동시 공격해 통일을 이루는 전략을 세웠습니다. 그러나 국공내전의 판세가 공산군으로 기울면서 그 전략은 실패로 돌아갔고, 국민당 편에 서 있던 한국인은 살아남기 위해 남한으로 탈출해야 했습니다. 결국 만주에서 독립운동을 하던 한국인들은 만주와 남북한, 이렇게 세 갈래로 나뉘게 된 것입니다.

자, 그렇다면 오늘날 우리는 만주를 어떻게 바라보아야 할까요? 이 문제와 관련해 두 가지 사례를 제시하고 싶습니다. 하나는 백두산정계비가 세워질 무렵 중국에 드나들던 이른바 '북학파'의 역사관입니다. 홍대용, 박지원, 박제가, 유득공 등 북학파 학자들은 청나라를 오랑캐로 업신여기며 북벌론을 고수하는 소중화론자들을 비판했습니다. 우물 안 개구리에서 벗어나 청나라의 선진 제도와 문화를 배우자는 것이 그들의 주장이었습니다.

그들은 이처럼 청나라가 선진국이라는 것을 인정했지만, 청나라의 본거지라 할 수 있는 만주가 역사적으로 우리 땅이라는 생각만은 확고했습니다. 그들은 사대주의에 찌든 사대부들이 내던져 버렸던 발해를 우리 역사의 일부로 복권시키고 만주와 한반도에 걸친 한국사를 복원했습니다.

오늘날 역사적인 과정을 거쳐 중국 영토가 된 지역을 내놓으라고 요구하는 것은 현실적으로 어렵습니다. 그러나 그곳이 우리 역사의 일부로 우리 조상의 얼이 깃들어 있는 땅이라는 사실만은 단호히 지켜 나가야 합니다. 이것이 북학파의 올바른 생각을 계승하는 길입니다.

또 하나는 서태지와 아이들이 부른 노래, 〈발해를 꿈꾸며〉입니다. 그들은 이 노래를 강원도 철원에 있는 옛 북한의 노동당사 앞에서 불렀습니다. 그곳은 6.25전쟁 이전에는 북한 땅이었다가 전쟁 뒤 우리 땅이 된 지역입니다.

만주를 지배하던 발해를 왜 노동당사 앞에서 꿈꾸었을까요? 발해는 만주와 북한 지역에 걸쳐 있던 왕조이기 때문에 만약 남북한이 통일할 필요가 없다면 대한민국과 발해는 아무 관련이 없습니다. 즉 발해는 남북한이 하나라고 생각할 때에만 우리가 꿈꿀 수 있는 역사입니다. 그래서 우리가 만주를 꿈꾼다면 먼저 남북통일부터 꿈꿔야 합니다. 그것도 서태지와 아이들이 노래한 것처럼 평화적인 통일을 꿈꿔야 합니다.

만주에서 만난 우리 역사가 주는 가장 큰 교훈은 바로 반드시 평화적인 남북통일을 이루어야 한다는 것입니다.

찾아보기

참고문헌

단행본

강문식 외,『15세기 조선의 때 이른 절정』, 민음사, 2014.
김광일,『전쟁으로 읽는 한국사』, 은행나무, 2012.
김기협,『밖에서 본 한국사』, 돌베개, 2008.
김기흥,『새롭게 쓴 한국고대사』, 역사비평사, 1994.
김백철 외,『18세기 왕의 귀환』, 민음사, 2014.
김정,『국사 시간에 세계사 공부하기』, 웅진주니어,
    2007.
남경태,『종횡무진 한국사』, 휴머니스트, 2015.
노태돈,『한국고대사』, 경세원, 2014.
노태돈,『한국사를 통해 본 우리와 세계에 대한 인식』,
    풀빛, 1998.
버트 스칼라피노·이정식,『한국 공산주의운동사』,
    돌베개, 2015.
문중양 외,『16세기 성리학 유토피아』, 민음사, 2014.
박은식,『한국독립운동지혈사』, 서문당, 1999.
박은식,『한국통사』, 아카넷, 2012.
박제가,『북학의』, 돌베개, 2013.
송기호,『발해를 찾아서』, 솔, 1993.
송호정,『처음 읽는 부여사』, 사계절, 2015.
송호정,『한국 고대사 속의 고조선사』, 푸른역사, 2003.
안중근,『동양평화론(외)』, 범우사, 2010.
염인호,『또 하나의 한국전쟁』, 역사비평사, 2010.
유득공,『발해고』, 홍익출판사, 2000.
이덕일,『장군과 제왕 1,2』, 웅진지식하우스, 2005.
국역사교사모임,『살아있는 한국사 교과서 1, 2』,
    휴머니스트, 2012.
전호태,『고구려 고분벽화 이야기』, 사계절, 2007.
한국근현대사연구회,『한국 독립 운동사 강의』,
한울아카데미, 2009.
한국생활사박물관 편찬위원회,『한국생활사박물관』
    1~12권, 사계절출판사, 1999~2004.
한명기 외,『17세기 대동의 길』, 민음사, 2014.
한명기,『병자호란 1,2』, 푸른역사, 2013.
한영우,『다시 찾는 우리 역사』, 경세원, 2014.
홍영의 외,『한국사탐험대 1~10』, 웅진주니어,
    2005~2007.

도록

동북아역사재단,『高句麗城 사진자료집』, 2006.
동북아역사재단,『하늘에서 본 고구려와 발해』, 2008.
박청산,『내 고향 연변』, 연변인민출판사, 2004.
박청산,『연변항일혁명사적지』, 연변인민출판사, 2002.
박청산·류재학·리호순·박창우,『두만강풍경 – 연변의
    관광자원』, 연변교육출판사, 2011.
『百年前郵政明信片上的中國』, 哈爾濱工業大學出版社,
    2006.
『사진으로 보는 근대한국 산하와 풍물 하』, 서문당, 1996.
서울대학교박물관–동경대학문학부,『해동성국 발해』,
    영남대학교박물관, 2003.
서울시립대박물관,『조선 근대와 만나다』, 2006.
전쟁기념관,『발해를 찾아서』, 1998
조선일보사,『격동의 구한말 역사의 현장』, 1986.

자료 제공 및 출처

국립중앙박물관

동북아역사재단

문화재청

최인진

위키미디어

강문식 외, 『15세기 조선의 때 이른 절정』, 민음사, 2014.

김백철 외, 『18세기 왕의 귀환』, 민음사, 2014.

강응천, 『한국사탐험대 5 - 전쟁』, 웅진주니어, 2006.

박청산·류재학·리호순·박창우, 『두만강풍경 - 연변의 관광자원』, 연변교육출판사, 2011.

『百年前郵政明信片上的中國』, 哈爾濱工業大學出版社, 2006.

『사진으로 보는 근대한국 산하와 풍물 하』, 서문당, 1996.

조선일보사, 『격동의 구한말 역사의 현장』, 1986.

한국생활사박물관 편찬위원회, 『한국생활사박물관』 1~12권, 사계절출판사, 1999~2004.

*한림출판사는 이 책에 실린 모든 자료의 출처를 찾기 위해 최선을 다했습니다. 누락이나 착오가 있으면 다음 쇄를 찍을 때 수정하겠습니다.

만주에서 만난 우리 역사

2016년 1월 7일 1판 1쇄
2017년 12월 13일 1판 3쇄

지은이   강응천

펴낸이   임상백
기획편집 문사철
디자인   map.ing
지도제작 map.ing
편집관리 이규민, 박미나, 임주희
독자감동 이호철, 김보경, 김수진, 한솔미
경영지원 남재연

ISBN 978-89-7094-830-0 43900

ⓒ 강응천

펴낸곳   한림출판사
주소   (03190) 서울시 종로구 종로12길 15
등록   1963년 1월 18일 제 300-1963-1호
전화   02-735-7551~4
전송   02-730-5149
전자우편 info@hollym.co.kr
홈페이지 www.hollym.co.kr
페이스북 www.facebook.com/hollymbook